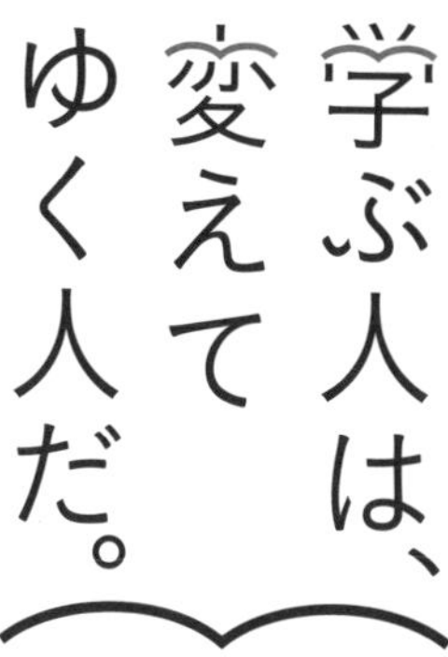

目の前にある問題は

挑

学び」で、

少しずつ世界は変えてゆける。

いつでも、どこでも、誰でも、

学ぶことができる世の中へ。

旺文社

漢検ポケット 準2級 でる順一問一答 改訂版

旺文社

もくじ

でる度★★★

でる度★★

でる度★

付録 ※付録は、最終ページから始まります。裏表紙から読んでください。

編集協力	株式会社友人社
校正	加藤陽子・広瀬菜桜子・豆原美希
装丁デザイン	ライトパブリシティ（大野瑞生）
本文デザイン	有限会社アチワデザイン室・作間達也
本文イラスト	三木謙次

漢検とは

●漢字検定（漢検）とは

本書が目指す「漢字検定（漢検）」とは、公益財団法人日本漢字能力検定協会が主催する「日本漢字能力検定」のことです。漢字検定は1級から、準1級・準2級を含む10級までの12段階に分かれています。

●受検資格

年齢・学歴などにかかわらず、だれが何級を受検してもかまいません。検定時間が異なれば4つの級まで受検できます。受検には個人受検・団体受検・漢検CBT受検（9ページ参照）の3つがあります。

●出題対象となる漢字

漢字検定では、それぞれの級に定められた出題範囲があります。それぞれの級で新たに出題対象となる漢字を配当漢字といい、当該級はそれ以下の級の配当漢字も出題範囲に含まれることが原則です。

準2級では、常用漢字のうち1951字が出題の対象となります。

問い合わせ先
公益財団法人　日本漢字能力検定協会
本部　〒605-0074
京都府京都市東山区祇園町南側551番地
TEL.075-757-8600
FAX.075-532-1110
URL　https://www.kanken.or.jp/

●おもな対象学年と出題内容 ※2022年9月現在

内容／級	レベル	漢字の書取	誤字訂正	同音・同訓異字	四字熟語	対義語・類義語	送り仮名	熟語の構成	部首・部首名	筆順・画数	漢字の読み	検定時間	検定料
2	高校卒業・大学・一般程度	○	○	○	○	○	○	○	○		○	60分	4500円
		対象漢字数 2136字（準2級までの対象漢字1951字＋2級配当漢字185字） ※高等学校で習う読みを含む											
準2	高校在学程度	○	○	○	○	○	○	○	○		○	60分	3500円
		対象漢字数 1951字（3級までの対象漢字1623字＋準2級配当漢字328字） ※高等学校で習う読みを含む											
3	中学校卒業程度	○	○	○	○	○	○	○	○		○	60分	3500円
		対象漢字数 1623字（4級までの対象漢字1339字＋3級配当漢字284字） ※中学校で習う読みを含む											
4	中学校在学程度	○	○	○	○	○	○	○	○		○	60分	3500円
		対象漢字数 1339字（5級までの対象漢字1026字＋4級配当漢字313字） ※中学校で習う読みを含む											
5	小学校6年生修了程度	○	○	○	○	○	○	○	○	○	○	60分	3000円
		対象漢字数 1026字（6級までの対象漢字835字＋5級配当漢字191字） ※中学校で習う読みは含まない											

※5級で「誤字訂正」も出題内容と発表されていますが、過去に出題された実績はありません。
そのため、旺文社漢検書シリーズでは5級で「誤字訂正」を掲載しておりません。
※内容は変更されることがありますので、日本漢字能力検定協会のホームページをご確認ください。

●漢字検定準2級の審査基準

程 度	常用漢字のうち1951字を理解し、文章の中で適切に使える。
領域・内容	《読むことと書くこと》 1951字の漢字の読み書きを習得し、文章の中で適切に使える。 ・音読みと訓読みとを正しく理解していること ・送り仮名や仮名遣いに注意して正しく書けること ・熟語の構成を正しく理解していること ・熟字訓、当て字を理解していること （硫黄／いおう、相撲／すもう　など） ・対義語、類義語、同音・同訓異字を正しく理解していること 《四字熟語》 典拠のある四字熟語を理解している（驚天動地、孤立無援　など）。 《部首》部首を識別し、漢字の構成と意味を理解している。

●漢字検定準2級の採点基準

字の書き方	正しい筆画で明確に書きましょう。くずした字や乱雑に書かれた字は採点の対象外です。
字種・字体・読み	2～10級の解答は、内閣告示「常用漢字表」（平成22年）によります。旧字体での解答は不正解となります。
仮名遣い	内閣告示「現代仮名遣い」によります。
送り仮名	内閣告示「送り仮名の付け方」によります。
部首	『漢検要覧　2～10級対応』（公益財団法人日本漢字能力検定協会）収録の「部首一覧表と部首別の常用漢字」によります。
合格基準	合格のめやすは、正答率70%程度です。200点満点ですから、140点以上とれれば合格の可能性大です。

●許容の範囲

印刷物は一般的に明朝体と呼ばれる字体のものが多く、楷書体（かいしょたい）とは活字デザイン上若干の違いがあります。検定試験では、画数の変わってしまう書き方は不正解ですが、「つける・はなす」「はねる・とめる」など、解答として許容されるものがあります。これは、「常用漢字表」の「(付)字体についての解説」に取り上げられており、「明朝体の字形と筆写の楷書の字形との間には、いろいろな点で違いがある。それらは、印刷文字と手書き文字におけるそれぞれの習慣の相違に基づく表現の差と見るべきものである」と記されています。

以下、明朝体と楷書体の差異に関する例の一部を「常用漢字表」から抜粋します。検定試験ではどちらで書いても正解となります。

①長短に関する例

無→無＝無

②方向に関する例

主→主＝主

③つけるか、はなすかに関する例

月→月＝月

④はらうか、とめるかに関する例

骨→骨＝骨

⑤はねるか、とめるかに関する例

糸→糸＝糸

⑥その他

令→令＝令

漢検受検ガイド

●公開会場

検定日　原則として毎年、6月・10月・翌年2月の日曜日の年3回。申し込み期間は、検定日の約3か月前から約1か月前。

検定会場　全国主要都市および海外主要都市。

申し込み方法

①インターネットで申し込み

日本漢字能力検定協会（以下漢検協会）のホームページ（https://www.kanken.or.jp/）の申し込みフォームにアクセスし、必要事項を入力。クレジットカード決済などで検定料を支払います。

②コンビニで申し込み

指定のコンビニに設置された端末機で申し込み手続きを行い、レジにて検定料を支払います。

③取り扱い書店で申し込み

取り扱い書店で検定料を支払い、願書などを受け取り、必要事項を記入の上、必着日までに協会へ郵送します。

＊①～③以外にも、取り扱い機関（新聞社など）で申し込む方法があります。

いずれの場合も、検定日の約1週間前に受検票が届きます。1級・準1級・2級・準2級は受検票に顔写真を貼（は）る必要があります。

●検定試験当日に持参するもの

検定試験当日には、①受検票、②消しゴム、③筆記用具（HB・B・2Bえんぴつ、シャープペンシル）を必ず持っていきましょう。万年筆やボールペンは不可で、腕時計・ルーペは持ち込み可となっています。

●合否の通知

検定日の約30日後から漢検ホームページにて合否結果を確認できます。また、検定日の約40日後に、合格者には合格証書・合格証明書・検定結果通知が、不合格者には検定結果通知が届きます。

漢検 CBT（コンピュータ・ベースド・テスティング）

漢検CBTとは、コンピュータを使って受検するシステムのことです。合格すると従来の検定試験と同じ資格を取得することができます。漢検CBTで受検できるのは2～7級で、検定料は従来の検定試験と同じ、申し込みはインターネットからのみです。

通常の（紙での）検定試験とのちがいは、実施回数です。検定試験が年3回であるのに対し、漢検CBTは年末年始を除き毎日実施しています（実施日と試験時間は会場によって異なります）。

試験会場は47都道府県、150箇所以上に設置されています。また、合否の結果が約10日でわかるので非常にスピーディといえます。

※詳しい情報は、漢検協会のホームページをご確認ください。

本書の特長

特長① よく出る問題だけを収録

合格に必要な実力養成のために、過去の検定試験の出題データを約18年分独自に分析し、繰り返し出題された頻度の高い問題だけを取り上げて編集・構成しました。

よく出る問題だけに的をしぼって、効率的に学習できます。収録している問題は、いずれもマスターしておきたい問題です。

特長② 3段階の「でる順」で効果的に学習

本書は、出題データの分析結果にもとづき、よく出題される「でる度」の高い問題から順に3段階で構成しています。「でる度」は、★の数で示してあります。

出題分野ごとに「でる順」で並んでいますので、最初から学習するほど効果的に実力をつけられます。

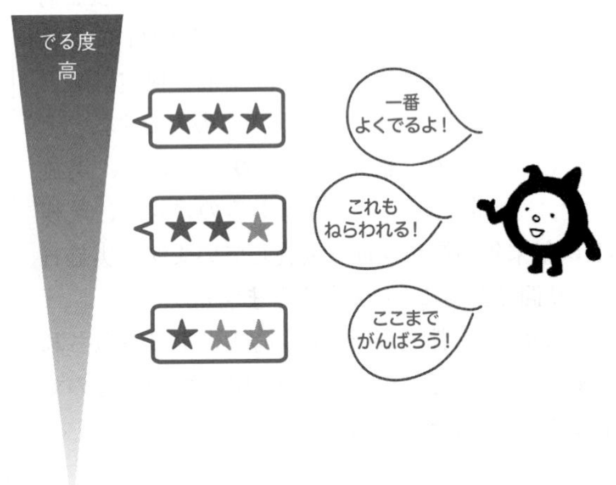

特長③　巻末付録「漢字資料」

資料として「準２級配当漢字表」「おもな特別な読み、熟字訓・当て字」も巻末に収録しています。学習の確認・整理に活用してください。

特長④　ダウンロード特典

模擬試験２回分（解答付き）と原寸大解答用紙を無料でダウンロードできます。巻末の模擬試験とあわせて、本番前の実践対策として活用してください。

[ご利用方法]

以下の URL または QR コードからアクセスし、「漢検」カテゴリの該当級をダウンロードしてください。
URL：https://www.obunsha.co.jp/support/tokuten/

※サービスは予告なく終了する場合があります。

●紙面構成

でる度

出題頻度の高い問題から順に、★★★ ★★☆ ★☆☆ の3段階で構成しています。

出題分野名

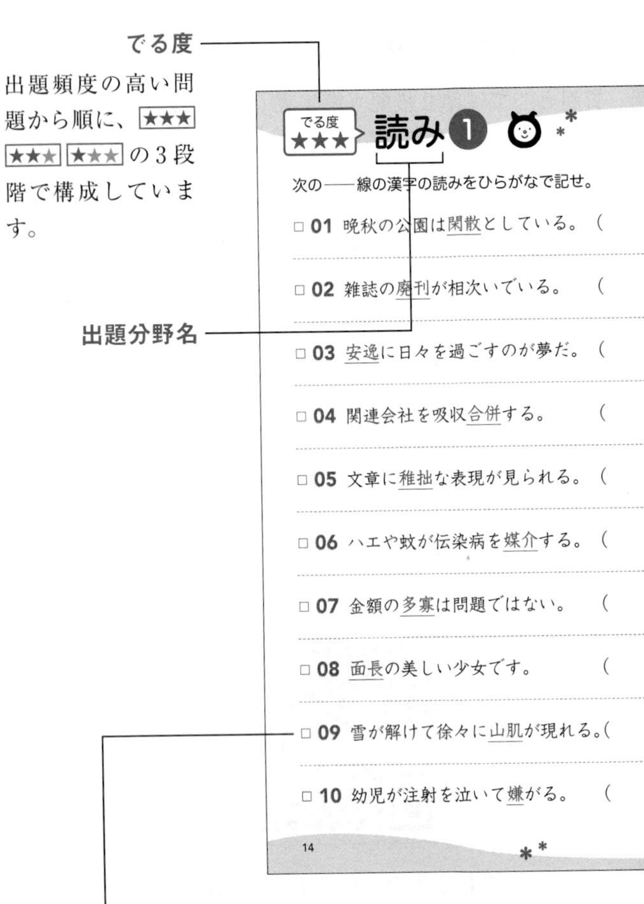

チェックボックス

間違えた問題に印を付けて復習できます。

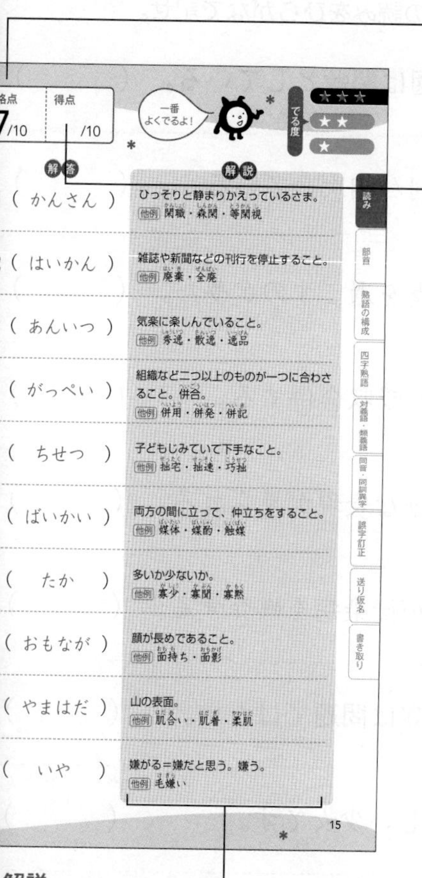

合格点

合格ラインは正答率70％です。

得点

自分の得点を記入しましょう。すべて1問1点です。

解説

漢字の知識・理解を深められるよう、解説を充実させました。問題の漢字や熟語の意味、部首名などを解説しています。

他例　過去に出題された同じ漢字の他の問題例や、同じ部首を持つ出題範囲内の漢字

注意　間違えやすいポイントなど、問題を解く上での注意点

でる度 ★★★

読み ①

次の——線の漢字の読みをひらがなで記せ。

□ 01 晩秋の公園は<u>閑散</u>としている。（　　）

□ 02 雑誌の<u>廃刊</u>が相次いでいる。（　　）

□ 03 <u>安逸</u>に日々を過ごすのが夢だ。（　　）

□ 04 関連会社を吸収<u>合併</u>する。（　　）

□ 05 文章に<u>稚拙</u>な表現が見られる。（　　）

□ 06 ハエや蚊が伝染病を<u>媒介</u>する。（　　）

□ 07 金額の<u>多寡</u>は問題ではない。（　　）

□ 08 <u>面長</u>の美しい少女です。（　　）

□ 09 雪が解けて徐々に<u>山肌</u>が現れる。（　　）

□ 10 幼児が注射を泣いて<u>嫌</u>がる。（　　）

合格点	得点
7/10	/10

解答 / 解説

解答	解説
01（かんさん）	ひっそりと静まりかえっているさま。 他例 閑職（かんしょく）・森閑（しんかん）・等閑視（とうかんし）
02（はいかん）	雑誌や新聞などの刊行を停止すること。 他例 廃棄（はいき）・全廃（ぜんぱい）
03（あんいつ）	気楽に楽しんでいること。 他例 秀逸（しゅういつ）・散逸（さんいつ）・逸品（いっぴん）
04（がっぺい）	組織など二つ以上のものが一つに合わさること。併合（へいごう）。 他例 併用（へいよう）・併発（へいはつ）・併記（へいき）
05（ちせつ）	子どもじみていて下手なこと。 他例 拙宅（せったく）・拙速（せっそく）・巧拙（こうせつ）
06（ばいかい）	両方の間に立って、仲立ちをすること。 他例 媒体（ばいたい）・媒酌（ばいしゃく）・触媒（しょくばい）
07（たか）	多いか少ないか。 他例 寡少（かしょう）・寡聞（かぶん）・寡黙（かもく）
08（おもなが）	顔が長めであること。 他例 面持ち（おももち）・面影（おもかげ）
09（やまはだ）	山の表面。 他例 肌合い（はだあい）・肌着（はだぎ）・柔肌（やわはだ）
10（いや）	嫌がる＝嫌だと思う。嫌う。 他例 毛嫌い（けぎらい）

でる度
★★★

読み②

次の――線の漢字の読みをひらがなで記せ。

□ **01** 彼はかなり頑固な性格である。（　　　）

□ **02** 職を失い生活が窮迫した。（　　　）

□ **03** 献身的な看病には頭が下がる。（　　　）

□ **04** 式典は粛々と行われた。（　　　）

□ **05** 空疎な議論はもうやめよう。（　　　）

□ **06** 山頂から見る景色は壮観だ。（　　　）

□ **07** 人質の奪還に成功した。（　　　）

□ **08** 渋皮を丁寧に取る。（　　　）

□ **09** 網を勢いよく手繰り寄せる。（　　　）

□ **10** 国境という垣根を取り外したい。（　　　）

合格点	得点
7/10	/10

でる度 ★★★

解答 / 解説

01（がんこ）
自分の考えを変えようとせず、あくまで意地を張り通すこと。
他例 頑迷（がんめい）・頑丈（がんじょう）・頑健（がんけん）

02（きゅうはく）
追い詰められて苦しい状態になること。
他例 困窮（こんきゅう）・無窮（むきゅう）・窮屈（きゅうくつ）

03（けんしん）
自分の命や利益をなげうって尽くすこと。
他例 貢献（こうけん）・文献（ぶんけん）

04（しゅくしゅく）
おごそかなさま。
他例 自粛（じしゅく）・粛然（しゅくぜん）・粛清（しゅくせい）

05（くうそ）
形ばかりで内容のないこと。
他例 疎略（そりゃく）・疎通（そつう）

06（そうかん）
雄大な眺め、またはそのさま。
他例 壮健（そうけん）・悲壮（ひそう）・勇壮（ゆうそう）

07（だっかん）
奪われたものを取り返すこと。
他例 還付（かんぷ）・召還（しょうかん）・帰還（きかん）

08（しぶかわ）
果実などの表皮の内側にある渋みのある皮。
他例 茶渋（ちゃしぶ）・渋々（しぶしぶ）

09（たぐ）
手繰る＝長く連なる物を両手を交互に動かして手元に引っ張る。
他例 手綱（たづな）・手向ける（たむける）

10（かきね）
ほかとの間を隔てるもの。
他例 人垣（ひとがき）

でる度 ★★★

読み ③

次の——線の漢字の読みをひらがなで記せ。

□ 01 組織から永久に放逐される。（　　）

□ 02 株価が安定している銘柄を選ぶ。（　　）

□ 03 一人で思索にふける。（　　）

□ 04 父は有名な作家と懇意だ。（　　）

□ 05 新語を網羅した辞書だ。（　　）

□ 06 叙景にすぐれた俳句。（　　）

□ 07 彼は冷徹な評価をする。（　　）

□ 08 腰を据えて作業に取りかかる。（　　）

□ 09 夕日に映える山の紅葉。（　　）

□ 10 従業員のための食事を賄う。（　　）

合格点 7/10 | 得点 /10

一番よくでるよ！

でる度 ★★★

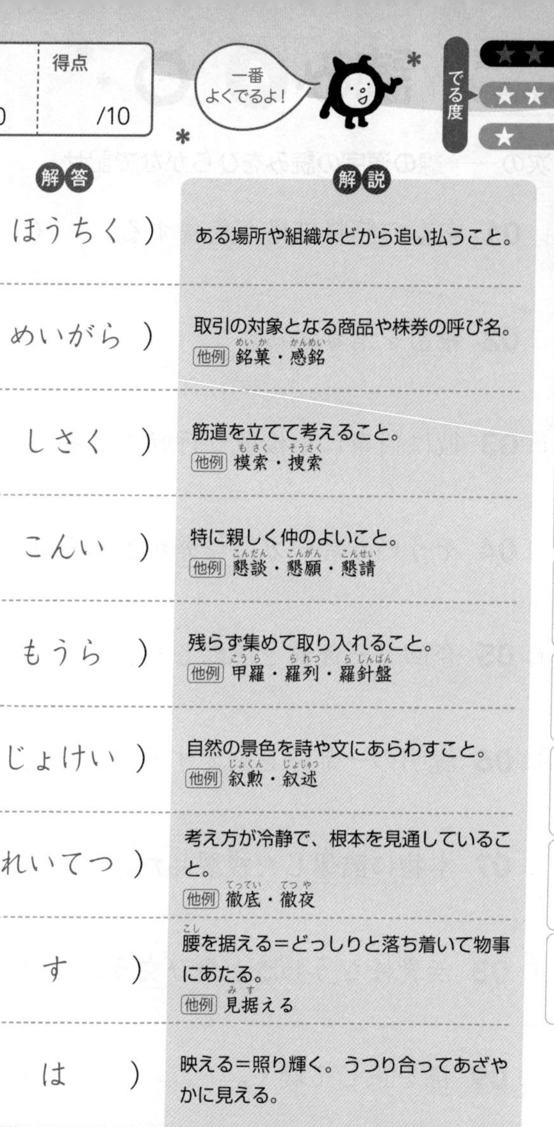

解答	解説
01（ほうちく）	ある場所や組織などから追い払うこと。
02（めいがら）	取引の対象となる商品や株券の呼び名。 他例 銘菓(めいか)・感銘(かんめい)
03（しさく）	筋道を立てて考えること。 他例 模索(もさく)・捜索(そうさく)
04（こんい）	特に親しく仲のよいこと。 他例 懇談(こんだん)・懇願(こんがん)・懇請(こんせい)
05（もうら）	残らず集めて取り入れること。 他例 甲羅(こうら)・羅列(られつ)・羅針盤(らしんばん)
06（じょけい）	自然の景色を詩や文にあらわすこと。 他例 叙勲(じょくん)・叙述(じょじゅつ)
07（れいてつ）	考え方が冷静で、根本を見通していること。 他例 徹底(てってい)・徹夜(てつや)
08（す）	腰(こし)を据える＝どっしりと落ち着いて物事にあたる。 他例 見据(みす)える
09（は）	映える＝照り輝く。うつり合ってあざやかに見える。
10（まかな）	賄う＝食事をととのえて出す。

でる度 ★★★

読み④

次の――線の漢字の読みをひらがなで記せ。

□ 01 家畜の飼料価格が急騰する。（　　）

□ 02 雑菌を消毒する。（　　）

□ 03 彼は何事にも俊敏な行動をとる。（　　）

□ 04 そういう言い方は語弊が生じる。（　　）

□ 05 今回で三連覇を記録した。（　　）

□ 06 説明の一部分を割愛する。（　　）

□ 07 本物に酷似した複製品だ。（　　）

□ 08 無責任なうわさが飛び交う。（　　）

□ 09 襟を正して聴く。（　　）

□ 10 資料を取りに学校へ戻る。（　　）

合格点	得点
7/10	/10

一番よくでるよ！

解答 / 解説

01（きゅうとう）
物価や相場などが急に上がること。
他例 騰貴（とうき）・沸騰（ふっとう）

02（ざっきん）
種種雑多の菌。
他例 無菌（むきん）・細菌（さいきん）・抗菌（こうきん）

03（しゅんびん）
頭の働きがよくて、行動がすばしこいさま。
他例 俊足（しゅんそく）・俊傑（しゅんけつ）・俊才（しゅんさい）

04（ごへい）
言葉の使い方が適切でないために生じる弊害。
他例 弊社（へいしゃ）・弊害（へいがい）・疲弊（ひへい）

05（れんぱ）
続けて優勝すること。
他例 覇者（はしゃ）・覇権（はけん）・制覇（せいは）

06（かつあい）
やむをえず手放したり省略したりすること。
他例 割譲（かつじょう）・割腹（かっぷく）・分割（ぶんかつ）

07（こくじ）
区別できないほどよく似ていること。
他例 酷評（こくひょう）・過酷（かこく）

08（か）
飛び交う（とびかう）＝飛びちがう。入り乱れて飛ぶ。
他例 交（か）わす

09（えり）
襟（えり）を正（ただ）す＝姿勢を正して改まる。

10（もど）
戻る＝元のところへ帰る。

でる度 ★★★

読み⑤

次の——線の漢字の読みをひらがなで記せ。

□ **01** 虚偽か真実かを吟味する。（　　）

□ **02** 剛直な性格の男である。（　　）

□ **03** 研究の成果が顕著にあらわれる。（　　）

□ **04** なかなか平癒しない持病。（　　）

□ **05** 休日出勤を代休で充当する。（　　）

□ **06** 荒涼とした原野が広がっている。（　　）

□ **07** 成績不良は怠惰の結果だ。（　　）

□ **08** 古い時代の太刀が見つかる。（　　）

□ **09** 棚田が広がるのどかな風景。（　　）

□ **10** 原稿用紙の升目を埋める。（　　）

合格点	得点
7/10	/10

でる度 ★★★ ★★ ★

解答	解説
01（ぎんみ）	念入りに調べ検討すること。 他例 吟詠（ぎんえい）・吟醸（ぎんじょう）・独吟（どくぎん）
02（ごうちょく）	気性が強く信念を貫くこと。 他例 剛胆（ごうたん）・剛腕（ごうわん）・剛健（ごうけん）
03（けんちょ）	きわだって目につくさま。はっきりとあらわれているさま。 他例 顕在（けんざい）・露顕（ろけん）・顕示（けんじ）
04（へいゆ）	病気が治ること。 他例 治癒（ちゆ）・癒着（ゆちゃく）
05（じゅうとう）	ある目的にあてがうこと。 他例 拡充（かくじゅう）・充満（じゅうまん）
06（こうりょう）	自然が荒れはててものさびしいようす。 他例 清涼（せいりょう）・涼感（りょうかん）・秋涼（しゅうりょう）
07（たいだ）	なすべきこともせず、怠けること。 他例 惰眠（だみん）・惰弱（だじゃく）・遊惰（ゆうだ）
08（たち）	平安時代以降、儀式や戦（いくさ）で使った刃渡りの長い刀。
09（たなだ）	斜面に階段状に作られた田。 他例 棚上げ（たなあ）・棚卸し（たなおろ）・戸棚（とだな）
10（ますめ）	升の形に区切られたわく。 他例 升席（ますせき）

でる度
★★★

読み 6

次の——線の漢字の読みをひらがなで記せ。

□ 01 天下の豪傑を相手にする。（　　）

□ 02 不運続きで憂愁を感じる。（　　）

□ 03 管轄の警察署が捜査を始めた。（　　）

□ 04 愚にもつかぬ駄弁をろうする。（　　）

□ 05 銀行に融資を頼んだ。（　　）

□ 06 福利厚生施設が整っている会社。（　　）

□ 07 蛇口に浄水器を取り付ける。（　　）

□ 08 陶磁器を製造する窯元だ。（　　）

□ 09 新しい革靴を購入する。（　　）

□ 10 観客から声援が沸き上がった。（　　）

合格点 7/10 | 得点 /10

一番よくでるよ!

でる度 ★★★

解答 | 解説

01（ごうけつ）
大胆で力が強く、武勇にすぐれた人。
他例 傑出（けっしゅつ）・俊傑（しゅんけつ）・傑作（けっさく）

02（ゆうしゅう）
うれい悲しむこと。
他例 旅愁（りょしゅう）・愁嘆場（しゅうたんば）・愁傷（しゅうしょう）

03（かんかつ）
官庁や機関などが権限で支配すること。また、その支配の及ぶ範囲。
他例 統轄（とうかつ）・直轄（ちょっかつ）・総轄（そうかつ）

04（だべん）
無駄なおしゃべり。無駄口。
他例 駄文（だぶん）・駄作（ださく）・駄賃（だちん）

05（ゆうし）
資金を融通すること。またはその資金。
他例 融和（ゆうわ）・融解（ゆうかい）

06（こうせい）
人々の生活を健康で豊かにすること。
他例 濃厚（のうこう）・厚遇（こうぐう）・厚情（こうじょう）

07（じょうすい）
きれいな水。衛生上無害な水。
他例 浄財（じょうざい）・浄化（じょうか）・自浄（じじょう）

08（かまもと）
陶磁器を製造する所。また、そこの主人。

09（かわぐつ）
動物の革などで作った靴。

10（わ）
沸（わ）き上（あ）がる＝歓声や興奮が広がる。熱狂する。

でる度 ★★★

読み 7

次の――線の漢字の読みをひらがなで記せ。

□ **01** うわさの真偽を確かめる。 (　　　)

□ **02** 事件を概括する。 (　　　)

□ **03** 木曜日は休診いたします。 (　　　)

□ **04** 追加機能は有償で提供します。 (　　　)

□ **05** 禍根を残さぬように話し合う。 (　　　)

□ **06** 殿下を国賓として迎える。 (　　　)

□ **07** 素朴な焼き物だが、味がある。 (　　　)

□ **08** 独特の臭みのある食物だ。 (　　　)

□ **09** 重箱には漆塗りが多い。 (　　　)

□ **10** 我が社の情報が外部に筒抜けだ。(　　　)

合格点	得点
7/10	/10

一番よくでるよ！

でる度 ★★★

解答

解説

01（ しんぎ ）
まことといつわり。本当かうそか。
他例 偽装・偽証・偽善

02（ がいかつ ）
内容のあらましや要点を一つにまとめること。
他例 括弧・包括・総括

03（きゅうしん）
医者や病院が診療を休むこと。
他例 診療・受診・打診

04（ゆうしょう）
ある行為などに代価が払われること。
他例 償却・賠償・代償

05（ かこん ）
災いの起こるもと。
他例 災禍・惨禍

06（ こくひん ）
国の正式な客として接待される外国人。
他例 来賓・主賓・貴賓

07（ そぼく ）
ありのままで飾らないこと。
他例 純朴・質朴

08（ くさ ）
臭み＝いやなにおい。臭気の程度。

09（ うるしぬ ）
漆塗り＝漆を器物に塗ること。また、その器物。

10（ つつぬ ）
筒抜け＝秘密がすべてほかに伝わること。
他例 筒先

でる度
★★★

読み⑧

次の——線の漢字の読みをひらがなで記せ。

□ **01** 自分の家の<u>系譜</u>をたどる。（　　　）

□ **02** 彼に<u>懲戒</u>処分は厳しすぎる。（　　　）

□ **03** 自分の弱点を<u>露呈</u>してしまった。（　　　）

□ **04** 和洋<u>折衷</u>の住宅を建てる。（　　　）

□ **05** 幼い時から<u>平衡</u>感覚を養う。（　　　）

□ **06** 実験結果から仮説が<u>肯定</u>される。（　　　）

□ **07** 国家の<u>安泰</u>を祈願する。（　　　）

□ **08** <u>煩</u>わしい手続きを簡素化する。（　　　）

□ **09** 建築材として<u>杉</u>の板が使われる。（　　　）

□ **10** <u>貝塚</u>は古代人の生活の跡だ。（　　　）

合格点	得点
7/10	/10

一番よくでるよ！

でる度 ★★★

解答　**解説**

01（けいふ）
血縁関係を書き記した図。系図。
他例 楽譜（がくふ）・採譜（さいふ）・譜面（ふめん）

02（ちょうかい）
不正などをこらしめ戒めること。
他例 懲役（ちょうえき）・懲罰（ちょうばつ）

03（ろてい）
隠れていたものがあらわになること。
他例 謹呈（きんてい）・贈呈（ぞうてい）・進呈（しんてい）

04（せっちゅう）
和洋折衷（わようせっちゅう）＝建築・生活様式などで、日本風と西洋風をうまくとりあわせること。
他例 衷心（ちゅうしん）・苦衷（くちゅう）

05（へいこう）
平衡感覚（へいこうかんかく）＝一方にかたよらない考え方や感じ方。
他例 均衡（きんこう）

06（こうてい）
物事をそのとおりだと判断し認めること。
他例 首肯（しゅこう）

07（あんたい）
安全で無事なこと。安らかなこと。
他例 泰然（たいぜん）・泰斗（たいと）

08（わずら）
煩わしい＝こみいっていてめんどうだ。やっかいだ。

09（すぎ）
スギ科の常緑高木。その板は建築材・船材用によく使われる。

10（かいづか）
先史時代の人類が捨てた貝の殻などがたい積してできた遺跡。
他例 一里塚（いちりづか）

でる度 ★★★

読み 9

次の——線の漢字の読みをひらがなで記せ。

□ 01 状況を把握することが肝要だ。（　　　）

□ 02 悠長なことは言えない。（　　　）

□ 03 未来への漠然とした不安がある。（　　　）

□ 04 情状酌量にすべき事情がある。（　　　）

□ 05 漸進的な改革を公約する政治家。（　　　）

□ 06 きれいな旋律のピアノ曲。（　　　）

□ 07 クマを猟銃でしとめた。（　　　）

□ 08 誤解も甚だしい。（　　　）

□ 09 偽りの証言に激怒した。（　　　）

□ 10 観光船で渦潮を見に行く。（　　　）

合格点	得点
7/10	/10

一番
よくでるよ！

解答	解説
01（はあく）	正確に理解すること。 他例 大雑把（おおざっぱ）
02（ゆうちょう）	のんびりと構えているようす。 他例 悠久（ゆうきゅう）・悠然（ゆうぜん）
03（ばくぜん）	ぼんやりとしてとりとめのないさま。 他例 空漠（くうばく）・広漠（こうばく）
04（しゃくりょう）	情状酌量（じょうじょうしゃくりょう）＝被告人の同情すべき事情を考慮して、刑罰を軽くすること。 他例 晩酌（ばんしゃく）・媒酌（ばいしゃく）
05（ぜんしん）	段階を踏んで少しずつ進むこと。
06（せんりつ）	メロディー。 他例 旋回（せんかい）・周旋（しゅうせん）
07（りょうじゅう）	狩猟用の銃。 他例 銃口（じゅうこう）・銃撃（じゅうげき）・銃声（じゅうせい）
08（はなはだ）	甚だしい＝程度が激しい。過度である。
09（いつわ）	偽り＝真実でないこと。うそ。
10（うずしお）	渦を巻いて流れる海水。

でる度
★★★

部首 1

次の漢字の部首を記せ。

□ 01　嗣（　　　）

□ 02　戻（　　　）

□ 03　栽（　　　）

□ 04　賓（　　　）

□ 05　且（　　　）

□ 06　爵（　　　）

□ 07　瓶（　　　）

□ 08　充（　　　）

□ 09　升（　　　）

□ 10　昆（　　　）

合格点 7/10　得点 /10

一番
よくでるよ！

解答	解説
01 （ 口 ）	くち 他例 唇・呈・哀・吉・啓
02 （ 戸 ）	とだれ・とかんむり 他例 出題範囲では、戻・扉・房・扇のみ。 注意 大（だい）ではない。
03 （ 木 ）	き 他例 架・棄・桑・某・朱 注意 戈（ほこづくり・ほこがまえ）ではない。
04 （ 貝 ）	かい・こがい 他例 貢・貞・貫・賢・貴 注意 宀（うかんむり）ではない。
05 （ 一 ）	いち 他例 丘・丈・与・並・不
06 （ 爫 ）	つめかんむり・つめがしら 他例 出題範囲では、爵のみ。
07 （ 瓦 ）	かわら 他例 出題範囲では、瓶のみ。
08 （ 儿 ）	ひとあし・にんにょう 他例 克・免・党・児・兆 注意 亠（なべぶた・けいさんかんむり）ではない。
09 （ 十 ）	じゅう 他例 卓・卑・協・卒・博 注意 ノ（の・はらいぼう）ではない。
10 （ 日 ）	ひ 他例 暫・昇・晶・旨・旬

でる度
★★★

部首 2

次の漢字の部首を記せ。

□ 01 薫（　　　　）

□ 02 虞（　　　　）

□ 03 褒（　　　　）

□ 04 韻（　　　　）

□ 05 丙（　　　　）

□ 06 喪（　　　　）

□ 07 奔（　　　　）

□ 08 弔（　　　　）

□ 09 摩（　　　　）

□ 10 甚（　　　　）

解答 | 解説

01 （ 艹 ） くさかんむり
他例 菌・茎・薦・荘・藻
注意 灬（れんが・れっか）ではない。

02 （ 虍 ） とらがしら・とらかんむり
他例 出題範囲では、虞・虜・虐・虚のみ。

03 （ 衣 ） ころも
他例 衷・衰・袋・裂・襲
注意 亠（なべぶた・けいさんかんむり）ではない。

04 （ 音 ） おと
他例 出題範囲では、韻・響・音のみ。

05 （ 一 ） いち
他例 世・丁・両・万・下

06 （ 口 ） くち
他例 哲・吏・含・召・唐
注意 衣（ころも）ではない。

07 （ 大 ） だい
他例 奨・契・奪・奉・奥

08 （ 弓 ） ゆみ
他例 出題範囲では、弔・弓・弱・弟のみ。

09 （ 手 ） て
他例 掌・撃・承・挙・才

10 （ 甘 ） かん・あまい
他例 出題範囲では、甚・甘のみ。

でる度
★★★

部首 3

次の漢字の部首を記せ。

□ 01 畝 （　　　　）

□ 02 窃 （　　　　）

□ 03 麻 （　　　　）

□ 04 寧 （　　　　）

□ 05 弊 （　　　　）

□ 06 彰 （　　　　）

□ 07 泰 （　　　　）

□ 08 累 （　　　　）

□ 09 羅 （　　　　）

□ 10 衡 （　　　　）

	解答	解説
01	（ 田 ）	た 他例 甲・畜・畳・異・留
02	（ 穴 ）	あなかんむり 他例 窮・窯・窒・突・窓 注意 宀（うかんむり）ではない。
03	（ 麻 ）	あさ 他例 出題範囲では、麻のみ。
04	（ 宀 ）	うかんむり 他例 寡・寛・宜・宰・宵
05	（ 廾 ）	こまぬき・にじゅうあし 他例 出題範囲では、弊・弁のみ。
06	（ 彡 ）	さんづくり 他例 彫・影・彩・形
07	（ 氺 ）	したみず 他例 出題範囲では、泰のみ。
08	（ 糸 ）	いと 他例 繭・索・緊・紫・繁
09	（ 罒 ）	あみがしら・あみめ・よこめ 他例 罷・罰・署・罪・置 注意 糸（いと）ではない。
10	（ 行 ）	ぎょうがまえ・ゆきがまえ 他例 衝・衛・術・街 注意 彳（ぎょうにんべん）ではない。

でる度 ★★★

部首 4

次の漢字の部首を記せ。

□ 01 亜 (　　　　)

□ 02 享 (　　　　)

□ 03 劾 (　　　　)

□ 04 呉 (　　　　)

□ 05 尉 (　　　　)

□ 06 崇 (　　　　)

□ 07 恭 (　　　　)

□ 08 斉 (　　　　)

□ 09 殻 (　　　　)

□ 10 竜 (　　　　)

合格点 7/10　得点 /10

でる度 ★★★

解答		解説
01	（ 二 ）	に 他例 互・井・五・二 注意 ロ（くち）ではない。
02	（ 亠 ）	なべぶた・けいさんかんむり 他例 亭・亡・京・交
03	（ 力 ）	ちから 他例 勲・勅・勘・募・励
04	（ 口 ）	くち 他例 后・善・否・可・句
05	（ 寸 ）	すん 他例 寿・封・尋・射・将
06	（ 山 ）	やま 他例 岳・崩・岡・岸・島
07	（ ⺗ ）	したごころ 他例 出題範囲では、恭・慕のみ。
08	（ 斉 ）	せい 他例 出題範囲では、斉・斎のみ。
09	（ 殳 ）	るまた・ほこづくり 他例 殴・殿・段・殺
10	（ 竜 ）	りゅう 他例 出題範囲では、竜のみ。

でる度 ★★★

熟語の構成 ❶

熟語の構成のしかたには次のようなものがある。

ア 同じような意味の漢字を重ねたもの（**身体**）
イ 反対または対応の意味を表す字を重ねたもの（**長短**）
ウ 上の字が下の字を修飾しているもの（**会員**）
エ 下の字が上の字の目的語・補語になっているもの（**着火**）
オ 上の字が下の字の意味を打ち消しているもの（**非常**）

次の熟語は、上のどれにあたるか、記号で記せ。

□ **01** 枢要（　　）

□ **02** 往還（　　）

□ **03** 扶助（　　）

□ **04** 遷都（　　）

□ **05** 去就（　　）

□ **06** 争覇（　　）

□ **07** 奔流（　　）

□ **08** 不肖（　　）

□ **09** 珠玉（　　）

□ **10** 庶務（　　）

合格点	得点
7/10	/10

よく考えてみよう!

解答	解説
01 （ ア ）	枢要 どちらも「かなめ」の意。
02 （ イ ）	往還 「行き」⟷「帰り」と解釈。
03 （ ア ）	扶助 どちらも「たすける」の意。
04 （ エ ）	遷都 「移す ← 都を」と解釈。
05 （ イ ）	去就 「去る」⟷「就く」と解釈。
06 （ エ ）	争覇 「争う ← 優勝を」と解釈。
07 （ ウ ）	奔流 「激しい → 流れ」と解釈。
08 （ オ ）	不肖 「似ていない」と解釈。
09 （ ア ）	珠玉 どちらも「宝石」の意。
10 （ ウ ）	庶務 「いろいろな → 事務」と解釈。

でる度 ★★★

熟語の構成 ❷

熟語の構成のしかたには次のようなものがある。

ア 同じような意味の漢字を重ねたもの（**身体**） **イ** 反対または対応の意味を表す字を重ねたもの（**長短**） **ウ** 上の字が下の字を修飾しているもの（**会員**） **エ** 下の字が上の字の目的語・補語になっているもの（**着火**） **オ** 上の字が下の字の意味を打ち消しているもの（**非常**）

次の熟語は、上のどれにあたるか、記号で記せ。

□ **01** 挑戦（　　）

□ **02** 俊敏（　　）

□ **03** 急逝（　　）

□ **04** 慶弔（　　）

□ **05** 徹夜（　　）

□ **06** 寛厳（　　）

□ **07** 酪農（　　）

□ **08** 未遂（　　）

□ **09** 媒介（　　）

□ **10** 独酌（　　）

解答		解説
01	（ エ ）	挑戦（ちょうせん）「挑む ← 戦いを」と解釈。
02	（ ア ）	俊敏（しゅんびん）どちらも「すばやい」の意。
03	（ ウ ）	急逝（きゅうせい）「急に → 死ぬ」と解釈。
04	（ イ ）	慶弔（けいちょう）「祝う」↔「弔う」と解釈。
05	（ エ ）	徹夜（てつや）「徹する ← 夜を」と解釈。
06	（ イ ）	寛厳（かんげん）「寛大」↔「厳格」と解釈。
07	（ ウ ）	酪農（らくのう）「乳製品をつくる → 農業」と解釈。
08	（ オ ）	未遂（みすい）「まだ遂げていない」と解釈。
09	（ ア ）	媒介（ばいかい）どちらも「仲立ち」の意。
10	（ ウ ）	独酌（どくしゃく）「独りで → 酒をつぐ」と解釈。

でる度 ★★★

熟語の構成 ③

熟語の構成のしかたには次のようなものがある。

ア 同じような意味の漢字を重ねたもの（**身体**）
イ 反対または対応の意味を表す字を重ねたもの（**長短**）
ウ 上の字が下の字を修飾しているもの（**会員**）
エ 下の字が上の字の目的語・補語になっているもの（**着火**）
オ 上の字が下の字の意味を打ち消しているもの（**非常**）

次の熟語は、上のどれにあたるか、記号で記せ。

□ **01** 禍福（　　）

□ **02** 経緯（　　）

□ **03** 検疫（　　）

□ **04** 環礁（　　）

□ **05** 撤兵（　　）

□ **06** 安寧（　　）

□ **07** 巧拙（　　）

□ **08** 頻発（　　）

□ **09** 緒論（　　）

□ **10** 酷似（　　）

合格点	得点
7/10	/10

一番よくでるよ!

よく考えてみよう!

解答		解説
01	(イ)	禍福(かふく) 「わざわい」↔「さいわい」と解釈。
02	(イ)	経緯(けいい) 「縦」↔「横」と解釈。
03	(エ)	検疫(けんえき) 「検査する ← 疫病を」と解釈。
04	(ウ)	環礁(かんしょう) 「輪の形をした → さんご礁」と解釈。
05	(エ)	撤兵(てっぺい) 「ひきあげる ← 兵を」と解釈。
06	(ア)	安寧(あんねい) どちらも「やすらか」の意。
07	(イ)	巧拙(こうせつ) 「たくみ」↔「つたない」と解釈。
08	(ウ)	頻発(ひんぱつ) 「しきりに → 起きる」と解釈。
09	(ウ)	緒論(しょろん) 「発端となる → 論述」と解釈。
10	(ウ)	酷似(こくじ) 「すごく → 似ている」と解釈。

でる度 ★★★

熟語の構成④

熟語の構成のしかたには次のようなものがある。

ア 同じような意味の漢字を重ねたもの（**身体**）
イ 反対または対応の意味を表す字を重ねたもの（**長短**）
ウ 上の字が下の字を修飾しているもの（**会員**）
エ 下の字が上の字の目的語・補語になっているもの（**着火**）
オ 上の字が下の字の意味を打ち消しているもの（**非常**）

次の熟語は、上のどれにあたるか、記号で記せ。

□ **01** 多寡（　　）

□ **02** 罷業（　　）

□ **03** 安泰（　　）

□ **04** 懇請（　　）

□ **05** 疎密（　　）

□ **06** 享受（　　）

□ **07** 硝煙（　　）

□ **08** 虜囚（　　）

□ **09** 逸話（　　）

□ **10** 無粋（　　）

解答		解説
01	（ イ ）	多寡（たか） 「多い」⟷「すくない」と解釈。
02	（ エ ）	罷業（ひぎょう） 「やめる ← 業務を」と解釈。
03	（ ア ）	安泰（あんたい） どちらも「やすらか」の意。
04	（ ウ ）	懇請（こんせい） 「心を込めて → 頼む」と解釈。
05	（ イ ）	疎密（そみつ） 「まばら」⟷「ぎっしり」と解釈。
06	（ ア ）	享受（きょうじゅ） どちらも「うけいれる」の意。
07	（ ウ ）	硝煙（しょうえん） 「火薬の → 煙」と解釈。
08	（ ア ）	虜囚（りょしゅう） どちらも「とりこ」の意。
09	（ ウ ）	逸話（いつわ） 「世に知られていない → 話」と解釈。
10	（ オ ）	無粋（ぶすい） 「風流でない」と解釈。

でる度
★★★

熟語の構成 5

熟語の構成のしかたには次のようなものがある。

ア 同じような意味の漢字を重ねたもの（**身体**）
イ 反対または対応の意味を表す字を重ねたもの（**長短**）
ウ 上の字が下の字を修飾しているもの（**会員**）
エ 下の字が上の字の目的語・補語になっているもの（**着火**）
オ 上の字が下の字の意味を打ち消しているもの（**非常**）

次の熟語は、上のどれにあたるか、記号で記せ。

□ **01** 公僕（　　）

□ **02** 抑揚（　　）

□ **03** 遮光（　　）

□ **04** 披露（　　）

□ **05** 不偏（　　）

□ **06** 廃刊（　　）

□ **07** 衆寡（　　）

□ **08** 尚早（　　）

□ **09** 暗礁（　　）

□ **10** 迎賓（　　）

解答		解説
01	（ウ）	公僕（こうぼく）「おおやけの → しもべ」と解釈。
02	（イ）	抑揚（よくよう）「さげる」↔「あげる」と解釈。
03	（エ）	遮光（しゃこう）「遮る ← 光を」と解釈。
04	（ア）	披露（ひろう）どちらも「あらわす」の意。
05	（オ）	不偏（ふへん）「偏りがない」と解釈。
06	（エ）	廃刊（はいかん）「やめる ← 刊行を」と解釈。
07	（イ）	衆寡（しゅうか）「多数」↔「少数」と解釈。
08	（ウ）	尚早（しょうそう）「まだ → 早い」と解釈。
09	（ウ）	暗礁（あんしょう）「暗くて見えない → 海底の岩」と解釈。
10	（エ）	迎賓（げいひん）「迎える ← 客人を」と解釈。

でる度
★★★

熟語の構成 6

熟語の構成のしかたには次のようなものがある。

ア 同じような意味の漢字を重ねたもの（**身体**）
イ 反対または対応の意味を表す字を重ねたもの（**長短**）
ウ 上の字が下の字を修飾しているもの（**会員**）
エ 下の字が上の字の目的語・補語になっているもの（**着火**）
オ 上の字が下の字の意味を打ち消しているもの（**非常**）

次の熟語は、上のどれにあたるか、記号で記せ。

□ **01** 擬似（　　）

□ **02** 贈賄（　　）

□ **03** 繁閑（　　）

□ **04** 搭乗（　　）

□ **05** 墨汁（　　）

□ **06** 親疎（　　）

□ **07** 還元（　　）

□ **08** 腐臭（　　）

□ **09** 不穏（　　）

□ **10** 造幣（　　）

合格点	得点
7/10	/10

解答	解説
01 （ ア ）	擬似（ぎじ） どちらも「にせる」の意。
02 （ エ ）	贈賄（ぞうわい） 「贈る ← わいろを」と解釈。
03 （ イ ）	繁閑（はんかん） 「多忙」↔「ひま」と解釈。
04 （ ア ）	搭乗（とうじょう） どちらも「のる」の意。
05 （ ウ ）	墨汁（ぼくじゅう） 「墨色の → 液」と解釈。
06 （ イ ）	親疎（しんそ） 「親密」↔「疎遠」と解釈。
07 （ エ ）	還元（かんげん） 「もどる ← 元に」と解釈。
08 （ ウ ）	腐臭（ふしゅう） 「腐った → におい」と解釈。
09 （ オ ）	不穏（ふおん） 「穏やかでない」と解釈。
10 （ エ ）	造幣（ぞうへい） 「造る ← 貨幣を」と解釈。

でる度 ★★★

四字熟語 1

次の四字熟語の（　）に入る適切な語を右の□の中から選び、漢字一字で記せ。

□ 01 物情（　）然

□ 02 一（　）打尽

□ 03 （　）天動地

□ 04 雲散（　）消

□ 05 （　）忍自重

□ 06 才色（　）備

□ 07 沈思（　）考

□ 08 当意即（　）

□ 09 呉（　）同舟

□ 10 （　）舞激励

いん
えつ
きょう
けん
こ
そう
みょう
む
もう
もっ

合格点	得点
7/10	/10

一番よくでるよ!

でる度 ★★★

解答	解説
01 物情(騒)然 (ぶつじょうそうぜん)	世の中が少しも落ち着かず、さわがしいさま。
02 一(網)打尽 (いちもうだじん)	一度に悪人全員を捕まえること。 他例「尽」が出題されることもある。
03 (驚)天動地 (きょうてんどうち)	世間をあっと言わせるほどに、おどろかすこと。
04 雲散(霧)消 (うんさんむしょう)	跡形もなく消え去ること。
05 (隠)忍自重 (いんにんじちょう)	我慢して軽々しい行動をしないこと。
06 才色(兼)備 (さいしょく(しき・そく)けんび)	女性がすぐれた才能と容姿の両方を持っていること。
07 沈思(黙)考 (ちんしもっこう)	だまって深く考えること。 他例「沈」が出題されることもある。
08 当意即(妙) (とういそくみょう)	その場にあたり即座に機転をきかすこと。
09 呉(越)同舟 (ごえつどうしゅう)	仲の悪い者どうしがたまたま同じ場所にいたり協力したりするたとえ。 他例「舟」が出題されることもある。
10 (鼓)舞激励 (こぶげきれい)	元気づけて励ますこと。 他例「舞」が出題されることもある。

でる度 ★★★

四字熟語 ②

次の四字熟語の（　）に入る適切な語を右の□の中から選び、漢字一字で記せ。

□ **01** 厚顔無（　）

□ **02** （　）面仏心

□ **03** 青息（　）息

□ **04** 竜頭蛇（　）

□ **05** 無（　）自然

□ **06** 比（　）連理

□ **07** 朝三（　）四

□ **08** （　）遍妥当

□ **09** 孤立無（　）

□ **10** 南（　）北馬

い えん き せん ち と び ふ ぼ よく

合格点 7/10 得点 /10

一番よくでるよ！

でる度 ★★

解答

01 厚顔無（恥）

02 （鬼）面仏心

03 青息（吐）息

04 竜頭蛇（尾）

05 無（為）自然

06 比（翼）連理

07 朝三（暮）四

08 （普）遍妥当

09 孤立無（援）

10 南（船）北馬

解説

01 あつかましくて、ずうずうしいこと。他例「厚」が出題されることもある。

02 見た目はこわくてもやさしい心を持っていること。

03 ひどく困り果ててつくため息のこと。

04 初めは盛んなのに終わりが振るわないこと。

05 人の手が加わらず自然のままであること。

06 男女のちぎりの深いたとえ。

07 目先の利益にとらわれて結局は同じであると気づかないこと。

08 どんな場合にも真理として認められること。

09 一人ぼっちで助けがないこと。

10 全国を忙しく旅行すること。また、絶えず旅をしてせわしないこと。

でる度 ★★★

四字熟語 3

次の四字熟語の（　）に入る適切な語を右の□の中から選び、漢字一字で記せ。

□ 01 温（　）篤実

□ 02 外（　）内剛

□ 03 色即（　）空

□ 04 美辞（　）句

□ 05 歌（　）音曲

□ 06 栄（　）盛衰

□ 07 新進気（　）

□ 08 愛別（　）苦

□ 09 （　）風堂堂

□ 10 夏炉冬（　）

い
えい
こ
こう
じゅう
ぜ
せん
ぶ
り
れい

合格点	得点
7/10	/10

一番よくでるよ！

でる度 ★★★

解答	解説
01 温（厚）篤実（おん こう とくじつ）	人がらが穏やかで誠実なこと。
02 外（柔）内剛（がい じゅう ないごう）	表面は穏やかそうで、実際は意志などが強いこと。
03 色即（是）空（しきそく ぜ くう）	この世のものはすべてはかなく、永遠に変わらないものはないということ。
04 美辞（麗）句（びじ れい く）	巧みに飾って表現した言葉。
05 歌（舞）音曲（か ぶ おんぎょく）	歌ったり踊ったり音楽をかなでたりすること。
06 栄（枯）盛衰（えい こ せいすい）	人・国・家などが栄えたり衰えたりすること。
07 新進気（鋭）（しんしんき えい）	その分野の新人で意気盛んな人。
08 愛別（離）苦（あいべつ り く）	親・兄弟・妻子などと別れなければならない苦しみ。
09 （威）風堂堂（い ふうどうどう）	いげんがあっておごそかなさま。
10 夏炉冬（扇）（かろとう せん）	時季はずれで役に立たないもののたとえ。

でる度
★★★

四字熟語 ④

次の四字熟語の（　）に入る適切な語を右の□の中から選び、漢字一字で記せ。

□ 01 同（　）異夢

□ 02 吉（　）禍福

□ 03 信賞必（　）

□ 04 五里（　）中

□ 05 一朝一（　）

□ 06 一念（　）起

□ 07 （　）計奇策

□ 08 群雄割（　）

□ 09 表（　）一体

□ 10 縦横無（　）

きょ
きょう
しょう
じん
せき
ばつ
ほっ
みょう
む
り

合格点	得点
7/10	/10

一番よくでるよ！

でる度 ★★★

解答 / 解説

解答	解説
01 同（床）異夢（どうしょういむ）	いっしょに住んでいて、それぞれ別のことを考えていること。また、同じ仕事をしていて、目的が異なっていること。
02 吉（凶）禍福（きっきょうかふく）	よいことと悪いこと。
03 信賞必（罰）（しんしょうひつばつ）	ほめることと、こらしめることを厳正にすること。
04 五里（霧）中（ごりむちゅう）	なんの手がかりもなく、どうしてよいか見当のつかないこと。
05 一朝一（夕）（いっちょういっせき）	ひと朝、ひと晩。わずかな時間のたとえ。
06 一念（発）起（いちねんほっき）	思いたって一大決心をすること。
07 （妙）計奇策（みょうけいきさく）	人が思いつかない巧みで奇抜なはかりごと。 他例「策」が出題されることもある。
08 群雄割（拠）（ぐんゆうかっきょ）	多くの英雄が対立すること。 他例「雄」・「割」が出題されることもある。
09 表（裏）一体（ひょうりいったい）	二つのものが密接な関係にあること。
10 縦横無（尽）（じゅうおうむじん）	自由自在であること。思う存分。

でる度
★★★

四字熟語 5

次の四字熟語の（　）に入る適切な語を右の□の中から選び、漢字一字で記せ。

□ 01 一（　）百戒

□ 02 神出（　）没

□ 03 破顔一（　）

□ 04 率先垂（　）

□ 05 気炎万（　）

□ 06 旧態（　）然

□ 07 意気消（　）

□ 08 心頭滅（　）

□ 09 山（　）水明

□ 10 七転八（　）

い
き
きゃく
し
しょう
じょう
ちん
とう
ばつ
はん

合格点	得点
7/10	/10

一番よくでるよ！

でる度 ★★★

解答 / 解説

01 一（罰）百戒（いち ばつ ひゃっかい）
一人をこらしめることで、ほかの人の戒めとすること。
他例 「戒」が出題されることもある。

02 神出（鬼）没（しんしゅつ き ぼつ）
自由自在に出没し、所在がつかめないこと。

03 破顔一（笑）（はがんいっ しょう）
顔をほころばせてにっこりとわらうこと。

04 率先垂（範）（そっせんすい はん）
自分から進んで手本を示すこと。

05 気炎万（丈）（きえんばん じょう）
盛んに気炎を上げること。

06 旧態（依）然（きゅうたい い ぜん）
進歩がなく、もとのままの状態であること。

07 意気消（沈）（いきしょう ちん）
意気込みがくじけ、すっかり元気をなくすこと。

08 心頭滅（却）（しんとうめっ きゃく）
困難も心の持ち方で克服できること。

09 山（紫）水明（さん し すいめい）
自然の景色が清らかで美しいこと。

10 七転八（倒）（しちてんばっ とう）
苦痛のあまり転げまわること。

でる度 ★★★

対義語・類義語 1

右の□の中の語を一度だけ使って漢字に直し、対義語・類義語を記せ。

対義語

□ 01 軽侮 ―（　　）

□ 02 傑物 ―（　　）

□ 03 希釈 ―（　　）

□ 04 中枢 ―（　　）

□ 05 浄化 ―（　　）

類義語

□ 06 忍耐 ―（　　）

□ 07 屈指 ―（　　）

□ 08 肯定 ―（　　）

□ 09 伯仲 ―（　　）

□ 10 逝去 ―（　　）

えいみん
おせん
がまん
ごかく
ぜにん
そんけい
のうしゅく
ばつぐん
ぼんじん
まったん

合格点	得点
7/10	/10

一番よくでるよ！

でる度 ★★★

解答

解説

	解答	解説
01	（ 尊敬 ）	軽侮＝人を軽んじあなどること。 尊敬＝その人の人格をとうといものと認めてうやまうこと。
02	（ 凡人 ）	傑物＝とびぬけてすぐれた人。 凡人＝へいぼんな人。ふつうの人。
03	（ 濃縮 ）	希釈＝溶液などの成分量を薄めること。 濃縮＝溶液などの成分量をこくすること。
04	（ 末端 ）	中枢＝物事の中心となるいちばん大事なもの・所。 末端＝組織などの中枢から最も遠い部分。
05	（ 汚染 ）	浄化＝よごれを除いてきれいにすること。 汚染＝水などが廃棄物などでよごれること。 他例 洗浄―汚染
06	（ 我慢 ）	忍耐＝耐えしのぶこと。 我慢＝こらえしのぶこと。 他例 辛抱―我慢
07	（ 抜群 ）	屈指＝多くの中ですぐれていること。 抜群＝とびぬけてすぐれていること。 他例 卓絶―抜群　秀逸―抜群
08	（ 是認 ）	肯定＝物事をそのとおりだと判断してみとめること。 是認＝よいとみとめること。
09	（ 互角 ）	伯仲＝共にすぐれて優劣がないこと。 互角＝たがいの力量に優劣のないこと。
10	（ 永眠 ）	逝去＝人の死をうやまっていう言葉。 永眠＝死ぬこと。

でる度 ★★★

対義語・類義語 ②

右の□の中の語を一度だけ使って漢字に直し、対義語・類義語を記せ。

対義語

□ 01 暫時 —（　　）

□ 02 高尚 —（　　）

□ 03 衰微 —（　　）

□ 04 喪失 —（　　）

□ 05 煩雑 —（　　）

類義語

□ 06 酌量 —（　　）

□ 07 看過 —（　　）

□ 08 干渉 —（　　）

□ 09 醜聞 —（　　）

□ 10 回顧 —（　　）

おめい
かいにゅう
かくとく
かんりゃく
こうきゅう
こうりょ
ついおく
ていぞく
はんえい
もくにん

合格点	得点
7/10	/10

一番よくでるよ！

でる度 ★★★

解答

解説

01 （ 恒久（こうきゅう） ）
暫時（ざんじ）＝しばらくの間。
恒久＝変わらずにいつまでも続くこと。

02 （ 低俗（ていぞく） ）
高尚（こうしょう）＝知的で程度が高く上品なようす。
低俗＝いやしくて品のないさま。
他例 高雅（こうが）―低俗

03 （ 繁栄（はんえい） ）
衰微（すいび）＝衰え弱ること。衰退（すいたい）。
繁栄＝さかえて発展すること。

04 （ 獲得（かくとく） ）
喪失（そうしつ）＝なくすこと。失うこと。
獲得＝物品・権利などを手に入れること。

05 （ 簡略（かんりゃく） ）
煩雑（はんざつ）＝ごたごたしてわずらわしいさま。
簡略＝細かいことは省いて、わかりやすくしてあるさま。

06 （ 考慮（こうりょ） ）
酌量（しゃくりょう）＝事情を考えて手かげんすること。
考慮＝種々の要素を考えに入れること。
他例 勘案（かんあん）―考慮

07 （ 黙認（もくにん） ）
看過（かんか）＝見逃す。大目に見る。見落とす。
黙認＝知らないふりをして見逃すこと。

08 （ 介入（かいにゅう） ）
干渉（かんしょう）＝当事者でないのに立ち入ること。
介入＝関係のない者が強引にかかわること。

09 （ 汚名（おめい） ）
醜聞（しゅうぶん）＝その人の名誉や人格を傷つけるような、よくないうわさ。
汚名＝悪い評判。不名誉な評判。

10 （ 追憶（ついおく） ）
回顧（かいこ）＝過去のことをなつかしく思い返すこと。
追憶＝過去を思い出しなつかしむこと。

でる度 ★★★

対義語・類義語 ③

右の□の中の語を一度だけ使って漢字に直し、対義語・類義語を記せ。

対義語

□ 01 謙虚 ―（　　）

□ 02 削除 ―（　　）

□ 03 拘禁 ―（　　）

□ 04 召還 ―（　　）

□ 05 概略 ―（　　）

類義語

□ 06 泰然 ―（　　）

□ 07 懲戒 ―（　　）

□ 08 普通 ―（　　）

□ 09 遺憾 ―（　　）

□ 10 窮乏 ―（　　）

こうまん
ざんねん
しゃくほう
しょうさい
しょばつ
じんじょう
ちんちゃく
てんか
はけん
ひんこん

合格点	得点
7/10	/10

一番よくでるよ！

でる度 ★★★

解答

01 （ 高慢 ）

02 （ 添加 ）

03 （ 釈放 ）

04 （ 派遣 ）

05 （ 詳細 ）

06 （ 沈着 ）

07 （ 処罰 ）

08 （ 尋常 ）

09 （ 残念 ）

10 （ 貧困 ）

解説

01
謙虚＝控えめな態度で人に接するさま。
高慢＝うぬぼれて人を見下すさま。

02
削除＝一部をけずって取り去ること。
添加＝ある物に何かをつけくわえること。

03
拘禁＝捕らえて閉じこめておくこと。
釈放＝捕らえていた者の拘束を解くこと。
他例 拘束―釈放　逮捕―釈放

04
召還＝任務を与え、ある場所に行かせた人を呼び戻す。
派遣＝任務を与え、ある場所に行かせる。

05
概略＝あらまし。だいたい。
詳細＝くわしく、こまかなこと。
他例 概要―詳細

06
泰然＝落ちついていて、動じないようす。
沈着＝落ちついて、あわてないようす。

07
懲戒＝不正などをこらしめ戒めること。
処罰＝こらしめること。
他例 制裁―処罰

08
普通＝ごくありふれたものであること。それがあたりまえであること。
尋常＝とりたてて変わったところのないさま。

09
遺憾＝不本意で心のこりがすること。
残念＝心のこりがするさま。

10
窮乏＝銭や物品が著しく不足して苦しむこと。
貧困＝十分な金がなく生活にこまっていること。また、そのさま。

でる度
★★★

同音・同訓異字 1

次の――線のカタカナを漢字に直せ。

□ 01 ユウ長なことでは完成しない。（　　　）

□ 02 民族のユウ和をはかる。（　　　）

□ 03 コウ廃した土地。（　　　）

□ 04 陰ながらコウ献してきた。（　　　）

□ 05 フン水の前で待ち合わせる。（　　　）

□ 06 落ち着いたフン囲気の店だ。（　　　）

□ 07 休日の学校はカン散としている。（　　　）

□ 08 カン容な態度で人と接する。（　　　）

□ 09 主役の座にタえる演技力がある。（　　　）

□ 10 布地を型紙に沿ってタつ。（　　　）

合格点	得点
7/10	/10

解答	解説
01 (悠)	悠長(ゆうちょう)=のんびりと構えているようす。 他例 悠揚(ゆうよう)・悠久(ゆうきゅう)・悠然(ゆうぜん)
02 (融)	融和(ゆうわ)=うちとけて仲よくすること。 他例 融解(ゆうかい)・融合(ゆうごう)・融資(ゆうし)
03 (荒)	荒廃(こうはい)=建物や土地などがあれはてること。 他例 荒涼(こうりょう)
04 (貢)	貢献(こうけん)=ある物事や社会に力を尽くして、役立つこと。
05 (噴)	噴水(ふんすい)=水がふき出すように作った装置。 他例 噴煙(ふんえん)
06 (雰)	雰囲気(ふんいき)=その場のかもし出している感じ。ムード。
07 (閑)	閑散(かんさん)=ひっそりしているさま。または、ひまですることのないさま。 他例 閑静(かんせい)
08 (寛)	寛容(かんよう)=心が広く、よく人を受け入れるさま。 他例 寛大(かんだい)
09 (堪)	堪える=…の価値がある。
10 (裁)	裁つ=衣服をつくるため布地を切ること。

でる度 ★★★

同音・同訓異字 2

次の――線のカタカナを漢字に直せ。

□ 01 お化け屋敷で絶キョウする。 (　　)

□ 02 歌手の熱キョウ的なファンだ。 (　　)

□ 03 恐リュウ展は人気がある。 (　　)

□ 04 川リュウは根強い人気がある。 (　　)

□ 05 長期間、内テイを続けている。 (　　)

□ 06 客人にテイ寧にお辞儀をする。 (　　)

□ 07 父の背中に哀シュウが漂う。 (　　)

□ 08 高い報シュウを確約した。 (　　)

□ 09 庭に生えた雑草をカる。 (　　)

□ 10 手伝いにカり出された。 (　　)

合格点	得点
7/10	/10

解答	解説
01（ 叫 ）	絶叫＝出せるかぎりの声を出してさけぶこと。
02（ 狂 ）	熱狂＝非常に興奮し熱中すること。 他例 狂奔
03（ 竜 ）	恐竜＝白亜紀末に絶滅した、は虫類群の通称。 他例 登竜門・竜宮
04（ 柳 ）	川柳＝雑俳の一つ。季語や切れ字の制約がない。
05（ 偵 ）	内偵＝ひそかに探ること。 他例 探偵・偵察
06（ 丁 ）	丁寧＝礼儀正しいさま。
07（ 愁 ）	哀愁＝寂しくもの悲しい気持ち。 他例 郷愁
08（ 酬 ）	報酬＝労働などに対する謝礼としての金銭・物品。 他例 応酬
09（ 刈 ）	刈る＝取り除く。切り取る。
10（ 駆 ）	駆り出す＝引っ張り出す。

でる度
★★★

同音・同訓異字 3

次の――線のカタカナを漢字に直せ。

□ 01 学校の設備を<u>カク</u>充する。 (　　)

□ 02 威<u>カク</u>射撃を行う。 (　　)

□ 03 最初の<u>ホウ</u>給を受け取った。 (　　)

□ 04 何もかも水<u>ホウ</u>に帰した。 (　　)

□ 05 殺人を教<u>サ</u>した罪に問われる。 (　　)

□ 06 庭園が閉<u>サ</u>された。 (　　)

□ 07 悲<u>ソウ</u>な決意をする。 (　　)

□ 08 彼には多くの<u>ソウ</u>話がある。 (　　)

□ 09 腰を<u>ス</u>えて仕事をする。 (　　)

□ 10 転んでひざを<u>ス</u>りむく。 (　　)

合格点	得点
7/10	/10

一番よくでるよ!

でる度 ★★★

解答

01（拡）
02（嚇）
03（俸）
04（泡）
05（唆）
06（鎖）
07（壮）
08（挿）
09（据）
10（擦）

解説

01 拡充（かくじゅう）＝組織や施設を広げて、充実させること。
他例 拡張（かくちょう）

02 威嚇（いかく）＝暴力や武力でおどすこと。おどかし。

03 俸給（ほうきゅう）＝官公庁・会社などの職員・社員に決まった期間の労働の報酬として支払われる給料。

04 水泡（すいほう）に帰（き）する＝せっかくの努力が無駄になってしまうこと。

05 教唆（きょうさ）＝他人をそそのかすこと。
他例 示唆（しさ）

06 閉鎖（へいさ）＝出入り口などを閉ざすこと。
他例 封鎖（ふうさ）

07 悲壮（ひそう）＝悲しい中にも勇ましさがあること。
他例 壮健（そうけん）・壮大（そうだい）・豪壮（ごうそう）

08 挿話（そうわ）＝エピソード。
他例 挿入（そうにゅう）

09 腰（こし）を据（す）える＝どっしりと落ち着いて物事にあたる。

10 擦りむく＝物にすって、表皮をはがす。

でる度 ★★★

同音・同訓異字 4

次の——線のカタカナを漢字に直せ。

□ 01 クラスの人気を独センする。 (　　　)

□ 02 大気汚センの進行を抑える。 (　　　)

□ 03 歴代の王のショウ像画がある。 (　　　)

□ 04 贈答用として推ショウします。 (　　　)

□ 05 まずトウ乗員の点呼を行った。 (　　　)

□ 06 コンロでお湯が沸トウしている。(　　　)

□ 07 不正にはチョウ罰が必要だ。 (　　　)

□ 08 敵をチョウ発する。 (　　　)

□ 09 質疑応答に多くの時間をサく。 (　　　)

□ 10 少女の髪にかんざしをサす。 (　　　)

合格点	得点
7/10	/10

解答	解説
01 （ 占 ）	独占（どくせん）＝自分ひとりだけのものにすること。
02 （ 染 ）	汚染（おせん）＝空気・水などが有毒ガス・廃棄物などで汚れること。
03 （ 肖 ）	肖像画（しょうぞうが）＝その人の顔や姿をうつした絵。 他例 不肖（ふしょう）
04 （ 奨 ）	推奨（すいしょう）＝物や人のすぐれた点をほめて、人にすすめること。 他例 奨励（しょうれい）
05 （ 搭 ）	搭乗（とうじょう）＝飛行機・船などに乗り込むこと。 他例 搭載（とうさい）
06 （ 騰 ）	沸騰（ふっとう）＝煮え立つこと。 他例 高騰（こうとう）・騰貴（とうき）
07 （ 懲 ）	懲罰（ちょうばつ）＝不正や不当な行為をした人をこらしめて罰すること。 他例 懲戒（ちょうかい）
08 （ 挑 ）	挑発（ちょうはつ）＝事件や紛争などを引き起こすようにわざとしむけること。 他例 挑戦（ちょうせん）
09 （ 割 ）	割く＝一部を分けてほかに与えること。
10 （ 挿 ）	挿す＝細長いものをほかに入れること。

でる度 ★★★

同音・同訓異字 5

次の——線のカタカナを漢字に直せ。

□ 01 遠セイ試合で県外へ行く。（　　）

□ 02 催しはセイ況のうちに終了した。（　　）

□ 03 タイヤが磨モウする。（　　）

□ 04 うわさを聞いてモウ想した。（　　）

□ 05 華道家元の系フをたどってみる。（　　）

□ 06 子どもをフ養する。（　　）

□ 07 後継者も決まり会社も安タイだ。（　　）

□ 08 君のタイ惰な性格が問題だ。（　　）

□ 09 友人と別れをオしむ。（　　）

□ 10 固い鼻オで足の指を痛める。（　　）

合格点	得点
7/10	/10

解答	解説
01（ 征 ）	遠征(えんせい)＝試合・登山・探検などで遠方へ出かけていくこと。
02（ 盛 ）	盛況(せいきょう)＝人が大勢集まって活気があるようす。
03（ 耗 ）	磨耗(まもう)＝すり減ること。 他例 消耗(しょうもう)
04（ 妄 ）	妄想(もうそう)＝ありもしないことを想像して信じこむこと。 他例 妄執(もうしゅう)・妄信(もうしん)・妄言(もうげん)
05（ 譜 ）	系譜(けいふ)＝血縁関係を書き記した図。系図。 他例 採譜(さいふ)・楽譜(がくふ)
06（ 扶 ）	扶養(ふよう)＝世話をして養うこと。 他例 扶助(ふじょ)
07（ 泰 ）	安泰(あんたい)＝安全で無事なこと。安らかなこと。 他例 泰然(たいぜん)
08（ 怠 ）	怠惰(たいだ)＝なすべきこともせず、なまけること。
09（ 惜 ）	惜しむ＝残念に思う。
10（ 緒 ）	鼻緒(はなお)＝げたやぞうりの足の指をかけるひも。

でる度
★★★

誤字訂正 1

次の各文にまちがって使われている同じ読みの漢字が一字ある。左に誤字を、右に正しい漢字を記せ。

□ **01** 傷みやすい葉物野菜は乾燥を防ぎ水分が蒸発しないように鮮度を依持する。

誤（　　）⇒ 正（　　）

□ **02** 逃走した犯人を待捕する瞬間、居合わせた周囲の人々の緊張が増した。

誤（　　）⇒ 正（　　）

□ **03** このシャツは細菌の繁飾をおさえる素材で織り、消臭加工を施している。

誤（　　）⇒ 正（　　）

□ **04** この色鮮やかな果物は温暖な気候の土地で採培されている。

誤（　　）⇒ 正（　　）

□ **05** 最近、インターネットを介して商品の搬売を行う会社や個人が増えている。

誤（　　）⇒ 正（　　）

□ **06** 大規模開発が予定されている地域では自然慣境の保全が計画されている。

誤（　　）⇒ 正（　　）

□ **07** 弁護士は法廷で検察が提出した証呼に一つずつ反論を加えていった。

誤（　　）⇒ 正（　　）

□ **08** 数か国語を区使できたとしても世界中の人と会話できるとは限らない。

誤（　　）⇒ 正（　　）

合格点	得点
6/8	/8

一番よくでるよ！

でる度 ★★★

解答

	誤		正
01	（依）	⇒	（維）
02	（待）	⇒	（逮）
03	（飾）	⇒	（殖）
04	（採）	⇒	（栽）
05	（搬）	⇒	（販）
06	（慣）	⇒	（環）
07	（呼）	⇒	（拠）
08	（区）	⇒	（駆）

解説

01 維持＝同じ状態を保ち続けること。

02 逮捕＝刑事事件で、被疑者の自由を拘束すること。

03 繁殖＝動物や植物などが生まれ、ふえること。

04 栽培＝植物を植えて育てること。

05 販売＝品物を売ること。

06 環境＝人間やそのほかの生物を取り巻き、影響を与えると考えられる外界。

07 証拠＝証明するしるし。あかし。

08 駆使＝自由自在に使いこなすこと。

でる度
★★★

誤字訂正②

次の各文にまちがって使われている同じ読みの漢字が一字ある。左に誤字を、右に正しい漢字を記せ。

□ **01** 窓の格子を鈍器で破戒してから店内に侵入し盗みを働いた形跡がある。

誤（　　）⇒ 正（　　）

□ **02** 新機能を搭採した非常に薄型の携帯端末が若者の間で流行する兆しがある。

誤（　　）⇒ 正（　　）

□ **03** 作業用の足場が撤拠され、白く塗装された外壁が表れた。

誤（　　）⇒ 正（　　）

□ **04** どちらの候補がより多く有権者の支持を確得できるかが最大の焦点となる。

誤（　　）⇒ 正（　　）

□ **05** 論文にざっと目を通しただけで教授は極めて大事な問題点を指的した。

誤（　　）⇒ 正（　　）

□ **06** 引っ越しの荷物を事前に新居へ販送するよう業者に依頼した。

誤（　　）⇒ 正（　　）

□ **07** 幼いころの教育が、成人になった現在でも何らかの影況を与えている。

誤（　　）⇒ 正（　　）

□ **08** 各地でシカなどの野生動物が畑を食い荒らす批害が増えている。

誤（　　）⇒ 正（　　）

合格点	得点
6/8	/8

一番よくでるよ!

でる度 ★★★

解答

	誤		正
01	(戒)	⇒	(壊)
02	(採)	⇒	(載)
03	(擞)	⇒	(去)
04	(確)	⇒	(獲)
05	(的)	⇒	(摘)
06	(販)	⇒	(搬)
07	(況)	⇒	(響)
08	(批)	⇒	(被)

解説

01 破壊(はかい)=こわすこと。こわれること。

02 搭載(とうさい)=機器などに、ある装備や性能を組み込むこと。

03 撤去(てっきょ)=建造物や施設などを取り去ること。

04 獲得(かくとく)=物品・権利などを手に入れること。

05 指摘(してき)=取り上げて具体的に指し示すこと。

06 搬送(はんそう)=交通手段などを用いて、運び送ること。

07 影響(えいきょう)=ほかに関係やはたらきを及ぼして変化や反応を引き起こすこと。

08 被害(ひがい)=損害や危害を受けること。

でる度 ★★★

誤字訂正 ③

次の各文にまちがって使われている同じ読みの漢字が一字ある。左に誤字を、右に正しい漢字を記せ。

□ **01** 縄文時代のものと推定される遺績の発掘調査が始まり、注目を浴びている。

誤（　　）⇒ 正（　　）

□ **02** 空き巣の被害が頻般に報告されたので町内をあげて防犯運動に取り組んでいる。

誤（　　）⇒ 正（　　）

□ **03** 路地裏にある、隠れ家のような雰意気のある定食屋に入る。

誤（　　）⇒ 正（　　）

□ **04** 過疎化で看護師がいない事態に陥り、地域医料の危機に直面している。

誤（　　）⇒ 正（　　）

□ **05** 掲示板だけでなく、出入り口で直接声を掛けて注意感起をした。

誤（　　）⇒ 正（　　）

□ **06** 県内に限って午前十時までに受けつけた商品は速日配達が可能となった。

誤（　　）⇒ 正（　　）

□ **07** 被災地での薬品不足の情報が伝わると海外にまで支縁の輪が広がった。

誤（　　）⇒ 正（　　）

□ **08** 彼女は赤い靴を贈られて以来、華例な舞踏会への出席を夢見ている。

誤（　　）⇒ 正（　　）

合格点 6/8 得点 /8

解答 誤	正	解説
01（績）	⇒（跡）	遺跡＝歴史上の事件・建物などがあったあと。古代の人間の生活のあと。
02（般）	⇒（繁）	頻繁＝たびたび起こること。
03（意）	⇒（囲）	雰囲気＝その場やそこにいる人たちが自然に作り出す気分。
04（料）	⇒（療）	医療＝病気を手当てし、治すこと。
05（感）	⇒（喚）	喚起＝呼び起こすこと。
06（速）	⇒（即）	即日＝すぐその日。
07（縁）	⇒（援）	支援＝力を貸して助けること。
08（例）	⇒（麗）	華麗＝はなやかで美しいさま。

でる度
★★★

誤字訂正 ④

次の各文にまちがって使われている同じ読みの漢字が一字ある。左に誤字を、右に正しい漢字を記せ。

□ 01 大会開催地の誘知は毎回、激しい競争の末に委員の投票で決定される。
誤（　　）⇒ 正（　　）

□ 02 病気を媒介する虫を苦除するため、人体に無害な薬剤を購入した。
誤（　　）⇒ 正（　　）

□ 03 地元農家の協力を得て開設した直売所は勢況で、多店舗化の構想も出ている。
誤（　　）⇒ 正（　　）

□ 04 運転免許証の向新手続きの際に必要な顔写真と申請書類を全てそろえる。
誤（　　）⇒ 正（　　）

□ 05 停電に供えて、太陽光を利用した給湯機器やＬＥＤ照明の導入を考えている。
誤（　　）⇒ 正（　　）

□ 06 音楽とともに剛華な衣装を身にまとった主役が舞台に登場した。
誤（　　）⇒ 正（　　）

□ 07 経年劣化の著しい壁材や配管の補習費用は積立金だけでは到底賄えない。
誤（　　）⇒ 正（　　）

□ 08 最近の衛生意識の高まりを受けて攻菌加工を施した商品が増えている。
誤（　　）⇒ 正（　　）

合格点	得点
6/8	/8

一番よくでるよ！

でる度 ★★★

解答

	誤		正
01	（知）	⇒	（致）
02	（苦）	⇒	（駆）
03	（勢）	⇒	（盛）
04	（向）	⇒	（更）
05	（供）	⇒	（備）
06	（剛）	⇒	（豪）
07	（習）	⇒	（修）
08	（攻）	⇒	（抗）

解説

01 誘致（ゆうち）＝さそい寄せること。

02 駆除（くじょ）＝害を与えるものを追い払うこと。

03 盛況（せいきょう）＝人が大勢集まって活気があるようす。

04 更新（こうしん）＝新しく改めること。

05 備（そな）える＝前もって用意しておく。

06 豪華（ごうか）＝ぜいたくで、はでなこと。

07 補修（ほしゅう）＝おぎなったり、なおしたりすること。

08 抗菌（こうきん）＝有害な細菌の発育や繁殖をおさえること。

でる度
★★★

送り仮名 1

次の——線のカタカナを漢字一字と送り仮名（ひらがな）に直せ。

□ **01** 彼への信頼が<u>ウスラグ</u>。 （　　）

□ **02** 光で湖面が<u>カガヤイ</u>ている。 （　　）

□ **03** 勝利の余韻に<u>ヒタッ</u>ている。 （　　）

□ **04** <u>キタナイ</u>ままの足で家に上がる。（　　）

□ **05** 乱暴な話し方を<u>イマシメル</u>。 （　　）

□ **06** 虫の鳴き声に耳を<u>スマス</u>。 （　　）

□ **07** 恋に勉強に<u>ナヤマシイ</u>日々を送る。（　　）

□ **08** 親の言葉が子に影響を<u>オヨボス</u>。（　　）

□ **09** 花も<u>ハジラウ</u>年ごろになった。 （　　）

□ **10** これは全力を<u>カタムケル</u>仕事だ。（　　）

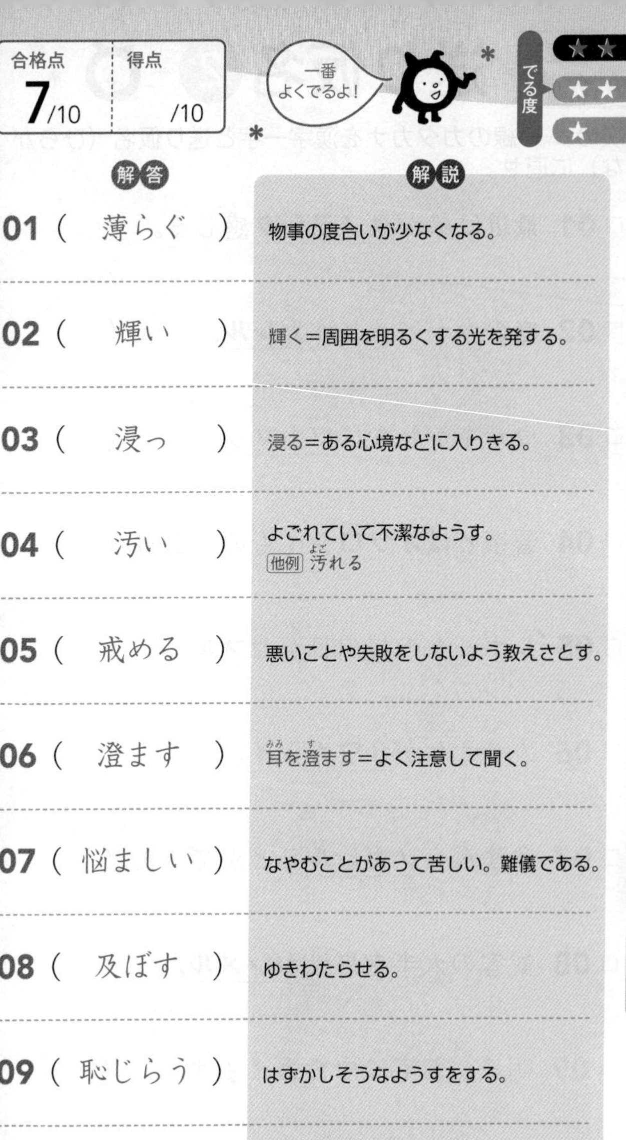

解答 / 解説

01 (薄らぐ) 物事の度合いが少なくなる。

02 (輝い) 輝く＝周囲を明るくする光を発する。

03 (浸っ) 浸る＝ある心境などに入りきる。

04 (汚い) よごれていて不潔なようす。
他例 汚(よご)れる

05 (戒める) 悪いことや失敗をしないよう教えさとす。

06 (澄ます) 耳(みみ)を澄(す)ます＝よく注意して聞く。

07 (悩ましい) なやむことがあって苦しい。難儀である。

08 (及ぼす) ゆきわたらせる。

09 (恥じらう) はずかしそうなようすをする。

10 (傾ける) そのほうへ集中させる。

でる度 ★★★

送り仮名 ②

次の——線のカタカナを漢字一字と送り仮名（ひらがな）に直せ。

□ **01** 最近は弟がタノモシク感じる。（　　）

□ **02** 庭の木がとうとうカレル。（　　）

□ **03** ウサギがわなにツカマッた。（　　）

□ **04** 習慣とはオソロシイものである。（　　）

□ **05** レポートの提出日がセマル。（　　）

□ **06** カラオケがサワガシイ。（　　）

□ **07** 危険からノガレルことができた。（　　）

□ **08** 観客の大半を男性がシメル。（　　）

□ **09** 明日、お宅にウカガイます。（　　）

□ **10** 直接手でサワッて確かめる。（　　）

合格点	得点
7/10	/10

一番よくでるよ！

でる度 ★★★

解答 / 解説

解答	解説
01 (頼もしく)	頼もしい＝期待が持てて心強い。
02 (枯れる)	草木の命が終わる。
03 (捕まっ)	捕まる＝にげられないような状態にされる。
04 (恐ろしい)	こわく感じるほどであるさま。
05 (迫る)	すぐそばまで近づく。
06 (騒がしい)	そうぞうしくてやかましい。
07 (逃れる)	離れる。にげ去る。まぬかれる。
08 (占める)	全体の中である割合を持つ。
09 (伺い)	伺う＝「行く」「訪ねる」の謙譲語。
10 (触っ)	触る＝物の表面に弱い力でふれる。

でる度
★★★

送り仮名 3

次の——線のカタカナを漢字一字と送り仮名（ひらがな）に直せ。

□ **01** うわさ話が人心をマドワス。（　　　）

□ **02** せっかくの雰囲気がコワレル。（　　　）

□ **03** 子どもも人数にフクメル。（　　　）

□ **04** 二年連続最下位にアマンジル。（　　　）

□ **05** 古い家屋の土台がクチル。（　　　）

□ **06** 住民の窮状をウッタエル。（　　　）

□ **07** 恩にムクイルため、必死に働いた。（　　　）

□ **08** 巧みにオールをアヤツル。（　　　）

□ **09** プロに勝るともオトラない技術。（　　　）

□ **10** 月が雲にカクレル。（　　　）

合格点	得点
7/10	/10

解答	解説
01（ 惑わす ）	人の心をみだす。迷わす。
02（ 壊れる ）	保たれているよい状態が悪くなる。
03（ 含める ）	いっしょに入れてあつかう。
04（ 甘んじる ）	与えられたものをしかたなく受け入れる。
05（ 朽ちる ）	くさって役に立たなくなる。
06（ 訴える ）	不平・苦情などを言う。
07（ 報いる ）	受けた事に対し、見合う行為を相手に行う。
08（ 操る ）	上手にあつかう。
09（ 劣ら ）	勝(まさ)るとも劣(おと)らない＝同等以上である。
10（ 隠れる ）	外から見えなくなる。

でる度 ★★★

書き取り ❶

次の――線のカタカナを漢字に直せ。

□ **01** 祖父のケンキャクに驚いた。（　　　）

□ **02** 世界クッシの規模のダム。（　　　）

□ **03** 会社が大きくヒヤクした。（　　　）

□ **04** アンモクの同意を与える。（　　　）

□ **05** ケイセキを残さなかった犯人。（　　　）

□ **06** カタガきで人を判断するな。（　　　）

□ **07** 冬はイクエにも服を着る。（　　　）

□ **08** みかんをハコヅめにする。（　　　）

□ **09** 石油製品がノキナみ値上げした。（　　　）

□ **10** 事をアラ立てないようにする。（　　　）

解答

解説

01（ 健脚 ）

足がじょうぶで歩くことにすぐれていること。

他例 立脚（りっきゃく）・脚光（きゃっこう）・脚色（きゃくしょく）

02（ 屈指 ）

多くの中で、ゆびを折って数えられるほどすぐれていること。

他例 不屈（ふくつ）・屈強（くっきょう）・理屈（りくつ）

03（ 飛躍 ）

急速に進歩・向上すること。

他例 一躍（いちやく）・躍動（やくどう）

04（ 暗黙 ）

自分の考えを外面に表さないこと。だまっていること。

他例 沈黙（ちんもく）・黙想（もくそう）

05（ 形跡 ）

何かが行われたあと。

他例 筆跡（ひっせき）・追跡（ついせき）・足跡（そくせき）

06（ 肩書 ）

肩書き＝社会的な地位や身分。「肩書」ともかく。

他例 肩身（かたみ）・肩車（かたぐるま）

07（ 幾重 ）

たくさんかさなっていること。

他例 幾多（いくた）

08（ 箱詰 ）

箱詰め＝はこに物をつめること。また、つめたもの。

09（ 軒並 ）

軒並み＝どれもこれも。どこもかしこも。

10（ 荒 ）

荒立（あらだ）てる＝物事をもつれさせ、めんどうにする。

でる度 ★★★

書き取り②

次の――線のカタカナを漢字に直せ。

□ 01 シリョのある行動を心掛ける。（　　）

□ 02 トツニュウの合図を待つ。（　　）

□ 03 子どもはうそにビンカンだ。（　　）

□ 04 屋根のケイシャが急だ。（　　）

□ 05 草原の花がビフウに揺れている。（　　）

□ 06 オオハバな値上げが予想される。（　　）

□ 07 イカとサトイモで煮物を作る。（　　）

□ 08 ふとんをシき横になる。（　　）

□ 09 セタケが伸びる年ごろだ。（　　）

□ 10 一家総出で稲をカる。（　　）

合格点	得点
7/10	/10

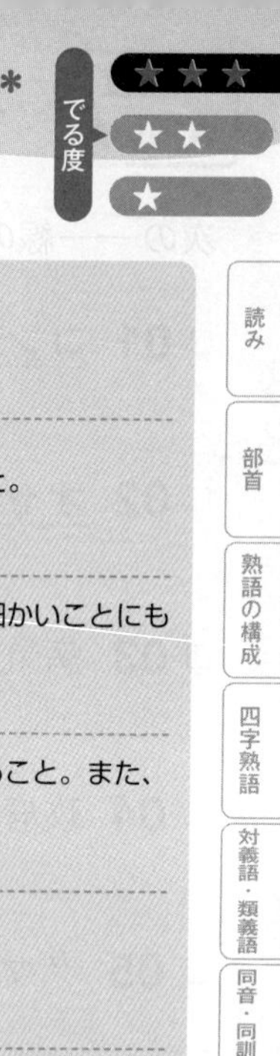

	解答	解説
01	（ 思慮 ）	深く考えること。 他例 配慮（はいりょ）・遠慮（えんりょ）
02	（ 突入 ）	激しい勢いでつき入ること。 他例 唐突（とうとつ）・煙突（えんとつ）・突破（とっぱ）
03	（ 敏感 ）	物事への感じ方が鋭く、細かいことにもすぐ気づくさま。 他例 敏腕（びんわん）・機敏（きびん）
04	（ 傾斜 ）	かたむいて、ななめになること。また、その度合い。 他例 斜線（しゃせん）・斜面（しゃめん）
05	（ 微風 ）	かすかに吹く風。そよ風。 他例 微力（びりょく）・微微（びび）・微熱（びねつ）
06	（ 大幅 ）	価格などの変動の範囲・開きが大きいさま。 他例 肩幅（かたはば）・道幅（みちはば）
07	（ 里芋 ）	サトイモ科の多年草。
08	（ 敷 ）	敷く＝平らに広げる。
09	（ 背丈 ）	背の高さ。身長。
10	（ 刈 ）	刈る＝根もとから切る。

でる度
★★★

書き取り③

次の——線のカタカナを漢字に直せ。

□ **01** コンキョのないうわさが多い。（　　　）

□ **02** オセンを浄化するシステム。（　　　）

□ **03** 病気のチリョウは早いほどよい。（　　　）

□ **04** 政府にツウレツな批判をする。（　　　）

□ **05** クマをカクトウの末、撃退した。（　　　）

□ **06** なかなかフん切りがつかない。（　　　）

□ **07** 深夜のベルにムナサワぎがした。（　　　）

□ **08** ウサギ小屋にカナアミを張る。（　　　）

□ **09** 彼は内向的でヨワタりが下手だ。（　　　）

□ **10** 人のカゲグチは聞きたくない。（　　　）

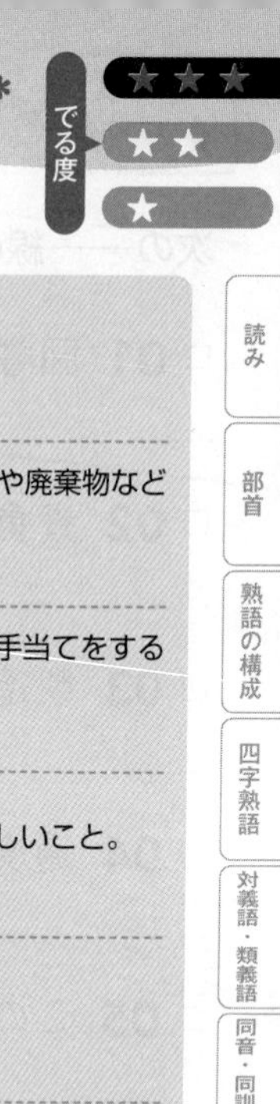

解答	解説
01 (根拠)	物事のよりどころ。 他例 証拠(しょうこ)・拠点(きょてん)
02 (汚染)	空気・水などが有毒なガスや廃棄物などでよごれること。 他例 汚濁(おだく)・汚点(おてん)
03 (治療)	病気・けがをなおすための手当てをすること。 他例 医療(いりょう)・療養(りょうよう)
04 (痛烈)	たいそう厳しいこと。手厳しいこと。 他例 熱烈(ねつれつ)・強烈(きょうれつ)
05 (格闘)	取っ組み合い。 他例 闘病(とうびょう)・健闘(けんとう)・闘志(とうし)
06 (踏)	踏(ふ)ん切(ぎ)り=心を決めること。決断。
07 (胸騒)	胸騒ぎ=なんとなく悪いことが起きるような気がして、不安なこと。
08 (金網)	針金を編んで作ったあみ。
09 (世渡)	世渡り=世の中で暮らしていくこと。処世。
10 (陰口)	本人のいない所で悪口を言うこと。

でる度
★★★

書き取り④

次の――線のカタカナを漢字に直せ。

□ **01** 図書館へ本をヘンキャクする。（　　　）

□ **02** 貴重な鉱石をサイクツした。（　　　）

□ **03** 製造元に注文がサットウした。（　　　）

□ **04** 適度なキョリを保って接する。（　　　）

□ **05** この会は長老のホッキで始まった。（　　　）

□ **06** ただウデをこまぬいて見ていた。（　　　）

□ **07** ソファーでイネムりしてしまう。（　　　）

□ **08** 話がだんだんニ詰まってきた。（　　　）

□ **09** 耳をスまして鳥の鳴き声を聴く。（　　　）

□ **10** グラウンドのシバフを整備する。（　　　）

合格点	得点
7/10	/10

でる度 ★★★

解答 / **解説**

01（ 返却 ）
借りたり預かっているものをかえすこと。
他例 忘却（ぼうきゃく）・売却（ばいきゃく）

02（ 採掘 ）
鉱物などをほり出すこと。
他例 盗掘（とうくつ）・発掘（はっくつ）

03（ 殺到 ）
多くの人や物が一時に、一か所に押し寄せること。
他例 到達（とうたつ）・周到（しゅうとう）

04（ 距離 ）
二つの地点または物の隔たり。
他例 離乳（りにゅう）・離陸（りりく）

05（ 発起 ）
思い立って事を始めること。
他例 発作（ほっさ）・発端（ほったん）

06（ 腕 ）
腕をこまぬく＝何もしないで傍観している。「手をこまぬく」「腕（手）をこまねく」ともいう。

07（ 居眠 ）
居眠り＝座ったままねむること。
他例 眠気（ねむけ）

08（ 煮 ）
煮詰（につ）まる＝意見などが出つくして十分に検討され、結論が出る段階に近づく。

09（ 澄 ）
耳（みみ）を澄（す）ます＝よく注意して聞く。

10（ 芝生 ）
しばを一面植えてある場所。

でる度 ★★★

書き取り 5

次の——線のカタカナを漢字に直せ。

□ 01 武力カイニュウを非難する。（　　）

□ 02 シャクメイする機会をもらった。（　　）

□ 03 力をコジする。（　　）

□ 04 アネッタイに生息する鳥。（　　）

□ 05 業界きってのシュワン家だ。（　　）

□ 06 イナズマが光り雨が降ってきた。（　　）

□ 07 聞こえないフりをする。（　　）

□ 08 悪い知らせに顔がクモる。（　　）

□ 09 行列はオクの方まで続いている。（　　）

□ 10 モノゴシのやわらかい人。（　　）

合格点	得点
7/10	/10

一番よくでるよ!

でる度 ★★★

解答

01（ 介入 ）

02（ 釈明 ）

03（ 誇示 ）

04（ 亜熱帯 ）

05（ 手腕 ）

06（ 稲妻 ）

07（ 振 ）

08（ 曇 ）

09（ 奥 ）

10（ 物腰 ）

解説

01 関係のない者が強引にかかわること。
他例 介抱（かいほう）・介護（かいご）

02 誤解や非難に対して、自分の真意、または立場・事情などを説明すること。
他例 注釈（ちゅうしゃく）・釈放（しゃくほう）

03 得意そうに見せびらかすこと。
他例 誇張（こちょう）

04 気候区分の一つ。
他例 亜流（ありゅう）・白亜（はくあ）

05 手腕家（しゅわんか）＝実力のある人。やり手。
他例 敏腕（びんわん）・腕力（わんりょく）・鉄腕（てつわん）

06 雷雨の時、放電によって空中でおこる電光。
他例 稲作（いなさく）・稲刈り（いねかり）

07 振り＝それらしく見せること。
他例 振替（ふりかえ）

08 顔（かお）が曇（くも）る＝不安や心配がもとで、心や顔つきなどが晴れ晴れしない状態になる。

09 内部へ深く入ったところ。

10 人に接する時の言葉つきや態度。

でる度
★★★

書き取り⑥

次の——線のカタカナを漢字に直せ。

□ **01** 思わずトイキが漏れる。（　　）

□ **02** 決勝はゴカクの戦いになった。（　　）

□ **03** 敢然とギャクシュウに転じる。（　　）

□ **04** ホッタンとなった事件を調べる。（　　）

□ **05** 勝利のシュクハイをあげた。（　　）

□ **06** 今年の出来は昨年よりもオトる。（　　）

□ **07** 拾ってきた猫はメスだった。（　　）

□ **08** 村人総出で底引き網をタグる。（　　）

□ **09** ケモノミチをたどって山へ入る。（　　）

□ **10** アサツユにぬれた庭の草花。（　　）

合格点 7/10　得点 /10

	解答	解説
01	（ 吐息 ）	がっかりしたりほっとしたりした時にはく息。ため息。 他例 吐露（とろ）・吐血（とけつ）
02	（ 互角 ）	たがいの力量に優れつのないこと。 他例 相互（そうご）・交互（こうご）
03	（ 逆襲 ）	守りの立場だったものが、ぎゃくに攻撃にでること。 他例 空襲（くうしゅう）・世襲（せしゅう）
04	（ 発端 ）	出来事のはじまり。 他例 極端（きょくたん）・端麗（たんれい）・先端（せんたん）
05	（ 祝杯 ）	めでたいことを喜んで酒を飲むためのさかずき。 他例 満杯（まんぱい）・乾杯（かんぱい）
06	（ 劣 ）	劣る＝比較して悪い状態にある。引けをとる。
07	（ 雌 ）	動物で卵を生んだり、妊娠したりする能力を持つもの。 他例 雌花（めばな）
08	（ 手繰 ）	手繰る＝長く連なるものを両手を交互に動かして手元に引っ張る。 他例 繰（く）る
09	（ 獣道 ）	けものが通ることによってできた道。
10	（ 朝露 ）	朝、草花などにおりているつゆ。 他例 夜露（よつゆ）・雨露（あめつゆ（うろ））

でる度 ★★★

書き取り 7

次の——線のカタカナを漢字に直せ。

□ 01 イセイがよい店員。（　　）

□ 02 逸材をハイシュツする学校。（　　）

□ 03 バッソクが厳しすぎる。（　　）

□ 04 おボンの帰省が始まった。（　　）

□ 05 キュウカを取って旅行する。（　　）

□ 06 試験範囲をセバめてほしい。（　　）

□ 07 住宅ローンをハラい終える。（　　）

□ 08 妹には祖母のオモカゲがある。（　　）

□ 09 お気にメす物はございましたか。（　　）

□ 10 店をタタんでしまった。（　　）

合格点	得点
7/10	/10

解答	解説
01 (威勢)	いきおい。元気。 [他例] 猛威(もうい)
02 (輩出)	才能のあるすぐれた人が次々と世に出ること。 [他例] 先輩(せんぱい)
03 (罰則)	違反した者をこらしめる決まり。 [他例] 罰金(ばっきん)・罰(ばち(ばつ))
04 (盆)	七月十五日(または八月十五日)に死者の霊を祭る仏事。通常はこの日の前後数日をいう。
05 (休暇)	勤め先や学校で休日以外に認められている休み。 [他例] 余暇(よか)・寸暇(すんか)
06 (狭)	狭める=広がりをせまくする。 [他例] 狭(せま)い
07 (払)	払う=金銭をしはらう。
08 (面影)	あることを思い出させる顔つき。 [他例] 人影(ひとかげ)
09 (召)	お気(き)に召(め)す=「気に入る」の尊敬語。
10 (畳)	畳む=今までの商売や生活をやめてしまう。 [他例] 畳(たたみ)

でる度★★★

書き取り❽

次の――線のカタカナを漢字に直せ。

□ 01 政府がフハイした国家。 (　　)

□ 02 陰ながらオウエンしています。 (　　)

□ 03 商談がシュビよくまとまった。 (　　)

□ 04 時代をフウシした絵画。 (　　)

□ 05 ヒボンな能力が発揮される。 (　　)

□ 06 雑草をヌいて肥料をまく。 (　　)

□ 07 思いマドうばかりだ。 (　　)

□ 08 少しずつ痛みがウスらいでいく。(　　)

□ 09 空にぽつんと雲がウかんでいる。(　　)

□ 10 野菜のシオヅけを食べる。 (　　)

合格点	得点
7/10	/10

解答	解説
01 （ 腐敗 ）	精神が堕落して道義が地に落ちること。 他例 豆腐(とうふ)・防腐剤(ぼうふざい)
02 （ 応援 ）	はげましたり、力を貸して助けたりすること。 他例 援護(えんご)・声援(せいえん)
03 （ 首尾 ）	首尾よく＝うまいぐあいに。 他例 尾翼(びよく)
04 （ 風刺 ）	それとなく皮肉ること。 他例 刺客(しかく(きゃく))・名刺(めいし)
05 （ 非凡 ）	ずばぬけてすぐれていること。 他例 凡人(ぼんじん)
06 （ 抜 ）	抜く＝引っぱって外に出す。
07 （ 惑 ）	惑う＝どうするか判断ができなくなる。
08 （ 薄 ）	薄らぐ＝物事の度合いが少なくなる。 他例 薄着(うすぎ)
09 （ 浮 ）	浮かぶ＝物が空中や液体中に存在する。
10 （ 塩漬 ）	塩漬け＝野菜・魚・肉などを塩でつけること。 他例 茶漬け(ちゃづけ)

でる度 ★★★

書き取り⑨

次の——線のカタカナを漢字に直せ。

□ **01** 集合場所は<u>キサイ</u>のとおりです。（　　　）

□ **02** 去年より<u>アクリョク</u>が強くなった。（　　　）

□ **03** <u>メイサイ</u>服を着た軍人。（　　　）

□ **04** マグマが地表に<u>フンシュツ</u>する。（　　　）

□ **05** <u>コウキシン</u>の強い子ども。（　　　）

□ **06** 春になり寒さが<u>ヤワ</u>らいできた。（　　　）

□ **07** 空には<u>アワ</u>い雲が浮かんでいる。（　　　）

□ **08** <u>ウ</u>えと不安が同時に訪れる。（　　　）

□ **09** <u>トウゲ</u>の茶屋で一息入れた。（　　　）

□ **10** 川の<u>ツツミ</u>には桜の並木が続く。（　　　）

解答	解説
01（記載）	文書に書き記すこと。 他例 満載（まんさい）・連載（れんさい）
02（握力）	物をにぎり締める手の力。 他例 把握（はあく）
03（迷彩）	色を不規則にぬり、周囲と区別がつかなくすること。 他例 色彩（しきさい）・水彩画（すいさいが）・異彩（いさい）
04（噴出）	強くふき出ること。 他例 噴煙（ふんえん）・噴水（ふんすい）・噴火（ふんか）
05（好奇心）	珍しいことや知らないことへの強い興味・関心。 他例 奇抜（きばつ）・数奇（すうき）・奇術（きじゅつ）
06（和）	和らぐ＝程度が甚だしい状態から穏やかになる。
07（淡）	淡い＝かすかである。
08（飢）	飢え＝食べ物がなく、ひどく空腹な状態。
09（峠）	山道を上りつめた、上り下りの境目。
10（堤）	水があふれないように、岸に土を高く築いたもの。土手。

でる度
★★★

読み①

次の——線の漢字の読みをひらがなで記せ。

□ **01** 車の流れが遮断された。（　　　）

□ **02** 人前で思いきり侮辱された。（　　　）

□ **03** 賃貸のアパートに移り住む。（　　　）

□ **04** 禅問答のような会話をする。（　　　）

□ **05** 野暮なことは言いたくない。（　　　）

□ **06** 忘我の境地に入る。（　　　）

□ **07** 四国でお遍路さんに会う。（　　　）

□ **08** 日本料理に汁物はつきものだ。（　　　）

□ **09** 鑑賞に堪えるだけの美しい曲だ。（　　　）

□ **10** なんなりとご用命を承ります。（　　　）

合格点 7/10 | 得点 /10

これも ねらわれる!

でる度 ★★

解答 / 解説

01 (しゃだん) 流れをさえぎり止めること。
他例 遮光(しゃこう)

02 (ぶじょく) 相手をばかにして恥をかかせること。
他例 軽侮(けいぶ)

03 (ちんたい) 使用料をとって貸すこと。
他例 貸借(たいしゃく)・貸与(たいよ)

04 (ぜんもんどう) 真意のつかみにくい問答。
他例 座禅(ざぜん)

05 (やぼ) 人情の機微や世情にうといさま。
他例 暮春(ぼしゅん)・薄暮(はくぼ)・歳暮(せいぼ)

06 (ぼうが) 夢中になってわれを忘れること。
他例 忘却(ぼうきゃく)・備忘録(びぼうろく)

07 (へんろ) 特に四国八十八箇所を巡り歩いて参拝する人。
他例 遍歴(へんれき)・遍在(へんざい)・満遍(まんべん)

08 (しる) 汁物(しるもの)＝料理の吸い物。

09 (た) 堪える＝…の価値がある。

10 (うけたまわ) 承る＝「受ける」「承知する」の謙譲語。

でる度 ★★★

読み ②

次の――線の漢字の読みをひらがなで記せ。

□ 01 大型機材の搬入に難渋する。（　　　）

□ 02 従軍して勲功を立てる。（　　　）

□ 03 竜宮のようにすばらしい建物だ。（　　　）

□ 04 督促して返却させる。（　　　）

□ 05 珠玉の映画との評判だ。（　　　）

□ 06 宰相として責任ある行動を望む。（　　　）

□ 07 流行の変遷を調べる。（　　　）

□ 08 バラの枝を切り、挿し木をする。（　　　）

□ 09 激しい縄張り争いを繰り広げる。（　　　）

□ 10 急に言われて泡を食った。（　　　）

合格点	得点
7/10	/10

これも ねらわれる!

解答	解説
01（なんじゅう）	思いどおりに物事がはかどらないこと。 他例 茶渋（ちゃしぶ）・渋滞（じゅうたい）
02（くんこう）	国家や君主に尽くした手柄。 他例 叙勲（じょくん）・勲章（くんしょう）
03（りゅうぐう）	おとひめなどが住む想像上の宮殿。 他例 竜神（りゅうじん）・恐竜（きょうりゅう）
04（とくそく）	早くするようにうながすこと。 他例 監督（かんとく）
05（しゅぎょく）	美しいもの、尊いもの、すばらしいものをほめたたえる言葉。 他例 珠算（しゅざん）・真珠（しんじゅ）
06（さいしょう）	総理大臣。首相。 他例 主宰（しゅさい）
07（へんせん）	移り変わり。 他例 遷都（せんと）・左遷（させん）
08（さ）	挿（さ）し木（き）＝植物の株の一部を切りとって下部を地中に入れ、発根させて増やす方法。 他例 挿（さ）す
09（なわば）	縄張り＝勢力範囲。
10（あわ）	泡（あわ）を食（く）う＝驚きあわてる。

でる度 ★★★

読み ③

次の――線の漢字の読みをひらがなで記せ。

□ **01** 経営に失敗し苦汁をなめた。（　　）

□ **02** 先生の追悼の会が開かれた。（　　）

□ **03** 過剰な診療行為は問題だ。（　　）

□ **04** タンカーが座礁して傾く。（　　）

□ **05** 組織の中枢で働く。（　　）

□ **06** 液体が発泡している。（　　）

□ **07** 決して凡庸ではない人物だ。（　　）

□ **08** 計画の大枠を教えてください。（　　）

□ **09** ドアに手を挟む。（　　）

□ **10** 著名な画家に扉絵を依頼する。（　　）

合格点	得点
7/10	/10

これも ねらわれる!

でる度 ★★

解答 / 解説

01（くじゅう）
苦汁をなめる＝苦しみを味わう。苦い経験をする。
他例 果汁（かじゅう）・胆汁（たんじゅう）・墨汁（ぼくじゅう）

02（ついとう）
死者の生前をしのんで、その死を悲しむこと。
他例 哀悼（あいとう）

03（かじょう）
あり過ぎること。また、そのさま。
他例 剰余（じょうよ）・剰員（じょういん）

04（ざしょう）
船が暗礁に乗り上げてしまうこと。
他例 岩礁（がんしょう）・暗礁（あんしょう）

05（ちゅうすう）
物事の中心となるいちばん大事なもの・所。
他例 枢要（すうよう）

06（はっぽう）
泡が発生すること。
他例 気泡（きほう）

07（ぼんよう）
すぐれた点がないこと。平凡。
他例 中庸（ちゅうよう）

08（おおわく）
おおよその範囲。大体の構想。
他例 木枠（きわく）・別枠（べつわく）・窓枠（まどわく）

09（はさ）
挟む＝物と物との間に入れる。

10（とびらえ）
書物の扉に描く絵。開き戸に描く絵。

でる度 ★★★

読み ④

次の――線の漢字の読みをひらがなで記せ。

□ **01** 地面が突然陥没した。（　　）

□ **02** 急に態度を軟化させる。（　　）

□ **03** 初志貫徹した弟。（　　）

□ **04** 自由の権利を享有する。（　　）

□ **05** その症状は要注意だ。（　　）

□ **06** アメリカへ摩天楼を見に行く。（　　）

□ **07** 評判の良書を生徒に推薦する。（　　）

□ **08** 廃れた繁華街の再興を図る。（　　）

□ **09** 和室から趣のある坪庭を見る。（　　）

□ **10** 死を悼んで喪に服する。（　　）

合格点	得点
7/10	/10

これも
ねらわれる！

解答	解説
01（ かんぼつ ）	周囲より落ちこむこと。 他例 陥落（かんらく）・欠陥（けっかん）
02（ なんか ）	強硬だった意見や態度が穏やかになること。 他例 硬軟（こうなん）・柔軟（じゅうなん）
03（ かんてつ ）	初志貫徹（しょしかんてつ）＝初めの志を最後まで貫き通すこと。 他例 徹底（てってい）・徹夜（てつや）
04（ きょうゆう ）	権利や能力など無形のものを生まれながらに持っていること。 他例 享楽（きょうらく）・享受（きょうじゅ）
05（ しょうじょう ）	病気やけがの状態。 他例 軽症（けいしょう）・炎症（えんしょう）
06（ まてんろう ）	天に届くほどの大高層建築。 他例 摩耗（まもう）・摩滅（まめつ）・摩擦（まさつ）
07（ すいせん ）	よいと思う人や物事を他人にすすめること。 他例 自薦（じせん）
08（ すた ）	廃れる＝盛んだったものが衰える。
09（ つぼにわ ）	屋敷内の建物に囲まれた庭。
10（ も ）	人の死後、近親者が一定期間、外出・祝事・交際などをさしひかえること。 他例 喪中（もちゅう）

でる度
★★★

読み⑤

次の——線の漢字の読みをひらがなで記せ。

□ 01 展示品を実費で頒布する。（　　）

□ 02 仲介してもらって家を買った。（　　）

□ 03 抹茶と菓子で客をもてなす。（　　）

□ 04 昨年の暮れに逝去された。（　　）

□ 05 祖父は謹厳そのものです。（　　）

□ 06 なんでも盲従するな。（　　）

□ 07 寛容な精神を持っている。（　　）

□ 08 足音を忍ばせて歩く。（　　）

□ 09 彼女がいるだけで場が和む。（　　）

□ 10 被害者には誠意をもって償う。（　　）

合格点	得点
7/10	/10

これも
ねらわれる！

でる度 ★★

解答

解説

01（　はんぷ　）
多くの人に分けて広く配ること。
他例 頒価（はんか）

02（ちゅうかい）
仲立ちすること。
他例 仲裁（ちゅうさい）・伯仲（はくちゅう）

03（　まっちゃ　）
茶うすでひいて粉にした上等なお茶。
他例 抹殺（まっさつ）・一抹（いちまつ）

04（　せいきょ　）
人の死をうやまっていう言葉。
他例 急逝（きゅうせい）

05（　きんげん　）
非常にまじめで、うわついたことを好まないこと。
他例 謹呈（きんてい）・謹慎（きんしん）

06（もうじゅう）
自分で判断することなく、人から言われるままに従うこと。
他例 盲導犬（もうどうけん）・盲点（もうてん）

07（　かんよう　）
心が広くよく人を受け入れるさま。
他例 寛大（かんだい）

08（　しの　）
忍ばせる＝ほかに知られないように目立たなくする。

09（　なご　）
和む＝雰囲気などが穏やかになること。
他例 和（やわ）らぐ

10（　つぐな　）
償う＝相手に与えた損失を金品で埋め合わせる。弁償する。

でる度 ★★★

読み ⑥

次の――線の漢字の読みをひらがなで記せ。

□ **01** 着用頻度の低い服は処分する。（　　　）

□ **02** 取り乱して醜態をさらす。（　　　）

□ **03** 高い山では水の沸点が下がる。（　　　）

□ **04** 宮中の慶事に参列する。（　　　）

□ **05** 知育偏重の教育が見直される。（　　　）

□ **06** 感染症の防疫対策を徹底する。（　　　）

□ **07** 延焼による被害が広範囲に及ぶ。（　　　）

□ **08** 懲りることなくミスを繰り返す。（　　　）

□ **09** まじめで且つ活動的な女性だ。（　　　）

□ **10** アルバイトで学費を稼ぐ。（　　　）

合格点 7/10 得点 /10

これも ねらわれる！

でる度 ★★

解答

解説

01（ひんど）
同じことが繰り返しおこる度合い。
他例 頻出（ひんしゅつ）・頻繁（ひんぱん）

02（しゅうたい）
行動や態度などが見苦しく、みっともないありさま。
他例 美醜（びしゅう）・醜聞（しゅうぶん）

03（ふってん）
液体が煮え立つ時の温度。
他例 沸騰（ふっとう）

04（けいじ）
出産・結婚などのよろこびごと。
他例 慶弔（けいちょう）・同慶（どうけい）・内弁慶（うちべんけい）

05（へんちょう）
あるものだけを特別に重んじること。
他例 偏向（へんこう）・偏屈（へんくつ）・偏見（へんけん）

06（ぼうえき）
感染症の発生や感染を防ぐこと。
他例 免疫（めんえき）・悪疫（あくえき）・検疫（けんえき）

07（えんしょう）
火事が火元からほかに燃え広がること。
他例 焼失（しょうしつ）・焼却（しょうきゃく）

08（こ）
懲りる＝いやな目にあって二度とやるまいと思う。

09（か）
且つ＝その上に。さらに。

10（かせ）
稼ぐ＝働いて収入を得る。

でる度 ★★★

読み 7

次の——線の漢字の読みをひらがなで記せ。

□ **01** 寝起きはいつも機嫌が悪い父。（　　　）

□ **02** 争いの収拾がつかない状態だ。（　　　）

□ **03** 夜明けを待って捜索を始める。（　　　）

□ **04** あの人には倫理観がない。（　　　）

□ **05** 証言する前に誓約させる。（　　　）

□ **06** 会議が紛糾してしまった。（　　　）

□ **07** 贈賄の容疑で逮捕された。（　　　）

□ **08** 読書する時間がなく活字に飢える。（　　　）

□ **09** 蔵が残る歴史ある町。（　　　）

□ **10** アイスピックで氷の塊を砕く。（　　　）

合格点	得点
7/10	/10

解答	解説
01（ きげん ）	人の快・不快の精神状態。 他例 嫌疑（けんぎ）
02（しゅうしゅう）	混乱した状態をとりまとめること。 他例 拾得（しゅうとく）
03（ そうさく ）	ゆくえのわからない人などを、さがすこと。 他例 捜査（そうさ）
04（ りんり ）	社会生活上、守るべき道。 他例 人倫（じんりん）
05（ せいやく ）	誓って約束すること。 他例 宣誓（せんせい）
06（ふんきゅう）	物事がもつれて乱れること。もめること。 他例 糾弾（きゅうだん）・糾明（きゅうめい）
07（ ぞうわい ）	わいろを贈ること。 他例 収賄（しゅうわい）
08（ う ）	飢える＝欲するものが得られず、強く求める。
09（ くら ）	大事な物をしまっておく建物。
10（ くだ ）	砕く＝固まっていた物を壊して細かくする。

でる度★★★

読み❽

次の——線の漢字の読みをひらがなで記せ。

□ **01** 硬い甲殻に覆われている。（　　　）

□ **02** 取引会社の定款を確認する。（　　　）

□ **03** 君に会えてとても愉快だった。（　　　）

□ **04** 資金繰りのため金策に奔走する。（　　　）

□ **05** 弟子の心得違いを一喝する。（　　　）

□ **06** 裁判官が被告に対して説諭する。（　　　）

□ **07** 囲碁を打つ外国人が増えている。（　　　）

□ **08** 友人に薦められた映画を見る。（　　　）

□ **09** 年老いて猫背になる。（　　　）

□ **10** のどの渇きに耐えられない。（　　　）

合格点	得点
7/10	/10

解答	解説
01（こうかく）	エビ・カニなどの体を覆う硬い殻。 他例 地殻（ちかく）
02（ていかん）	法人の目的・組織・業務などに関する根本規則。 他例 約款（やっかん）・落款（らっかん）
03（ゆかい）	楽しくてこころよいこと。 他例 愉悦（ゆえつ）
04（ほんそう）	物事がうまくゆくように走り回って努力すること。 他例 奔放（ほんぽう）・狂奔（きょうほん）
05（いっかつ）	大声でひと声しかりつけること。 他例 喝破（かっぱ）・恐喝（きょうかつ）
06（せつゆ）	教えさとすこと。 他例 教諭（きょうゆ）
07（いご）	白と黒の石を交互にならべて陣地を争うゲーム。 他例 碁石（ごいし）・碁盤（ごばん）
08（すす）	薦める＝人や事物のすぐれている点をあげ、その採用をうながす。
09（ねこぜ）	背中がまるく曲がっていること。 他例 猫舌（ねこじた）
10（かわ）	渇く＝うるおいがなくなり、水分が欲しくなる。

でる度
★★★

読み 9

次の——線の漢字の読みをひらがなで記せ。

□ 01 愚痴ばかり言ってもだめだ。 (　　　)

□ 02 政治を風刺した川柳が面白い。 (　　　)

□ 03 一般的に生産性は逓増する。 (　　　)

□ 04 先祖は爵位を持っていたそうだ。(　　　)

□ 05 日本は漆器で有名だ。 (　　　)

□ 06 派閥を解体することを主張した。(　　　)

□ 07 細い繊維をより合わせる。 (　　　)

□ 08 褒めるのが上手な人だ。 (　　　)

□ 09 帰宅のころには雨傘が要ります。(　　　)

□ 10 娘の嫁入り道具を調える。 (　　　)

合格点	得点
7/10	/10

解答	解説
01（ぐち）	言ってもしかたのないことを言って嘆くこと。 他例 音痴・痴態
02（せんりゅう）	雑俳の一つ。季語や切れ字の制約がない。
03（ていぞう）	しだいに増えること。 他例 逓減
04（しゃくい）	貴族の階級を示す称号。 他例 伯爵
05（しっき）	漆塗りの器物。 他例 漆黒
06（はばつ）	組織の中で利害関係などで結びついている集団。 他例 学閥・財閥
07（せんい）	細い糸状の物質。 他例 繊細
08（ほ）	褒める＝すぐれている点を評価し、それをよく言う。
09（あまがさ）	雨降りの時にさす傘。
10（ととの）	調える＝必要なものをそろえる。

でる度 ★★★

読み 10

次の――線の漢字の読みをひらがなで記せ。

□ 01 滋味豊かな料理の数々を味わう。（　　）

□ 02 データを解析して原因を探る。（　　）

□ 03 出廷を命じる召喚状が届く。（　　）

□ 04 累積赤字がやっとなくなった。（　　）

□ 05 国王と謁見する機会が訪れた。（　　）

□ 06 会社から弔慰金を受け取った。（　　）

□ 07 その税制度は富裕層に有利だ。（　　）

□ 08 夕暮れの浦風が気持ちよい。（　　）

□ 09 栄養が偏った食生活を改善する。（　　）

□ 10 敵の巧妙な策略に陥る。（　　）

解答 ／ 解説

01（じみ）
うまい味。深い味わい。
他例 滋養（じよう）

02（かいせき）
物事を細かく分けて組織的・論理的に研究すること。
他例 分析（ぶんせき）・透析（とうせき）

03（しゅってい）
法廷に出ること。
他例 宮廷（きゅうてい）

04（るいせき）
次々に重なり積もること。
他例 係累（けいるい）・累計（るいけい）

05（えっけん）
貴人または目上の人に会うこと。
他例 拝謁（はいえつ）

06（ちょうい）
死者をとむらって、遺族を慰めること。
他例 弔電（ちょうでん）

07（ふゆう）
財産を多く持ち生活が豊かなこと。
他例 余裕（よゆう）・裕福（ゆうふく）

08（うらかぜ）
海辺を吹く風。

09（かたよ）
偏る＝特定のものだけ重視して均衡を欠いた状態になる。

10（おちい）
陥る＝計略にかかる。

でる度 ★★★

読み 11

次の——線の漢字の読みをひらがなで記せ。

□ 01 国内最速の球を投げる<u>豪腕</u>の投手。(　　　)

□ 02 地震の揺れを<u>擬似</u>体験する。(　　　)

□ 03 趣味に没頭して<u>喪失</u>感を癒やす。(　　　)

□ 04 鳥が庭の木に<u>営巣</u>する。(　　　)

□ 05 食器を<u>煮沸</u>消毒する。(　　　)

□ 06 技術者は会社で<u>厚遇</u>された。(　　　)

□ 07 山の<u>清澄</u>な空気を味わう。(　　　)

□ 08 子どもと<u>中州</u>で川遊びを楽しむ。(　　　)

□ 09 赤ん坊のために<u>産着</u>を買う。(　　　)

□ 10 <u>童</u>歌を歌いながら手まりをつく。(　　　)

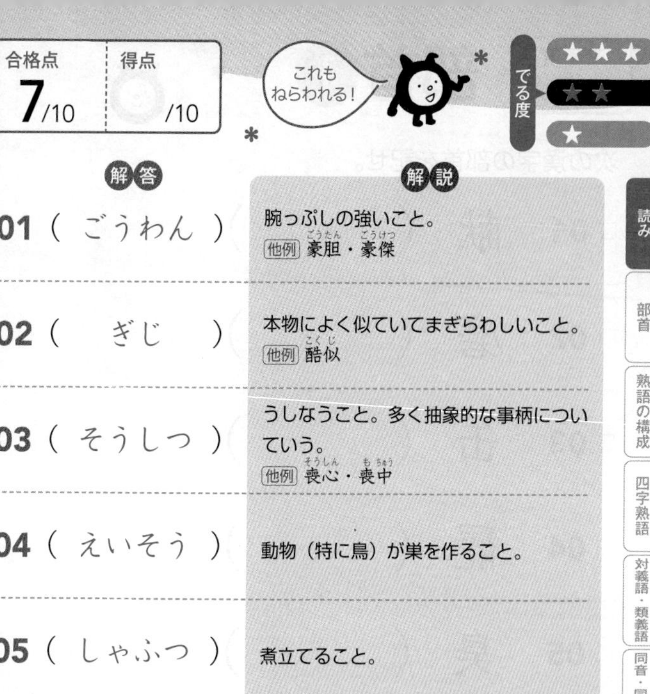

合格点	得点
7/10	/10

これも ねらわれる！

でる度 ★★

解答	解説
01 （ ごうわん ）	腕っぷしの強いこと。 他例 豪胆（ごうたん）・豪傑（ごうけつ）
02 （ ぎじ ）	本物によく似ていてまぎらわしいこと。 他例 酷似（こくじ）
03 （ そうしつ ）	うしなうこと。多く抽象的な事柄についていう。 他例 喪心（そうしん）・喪中（もちゅう）
04 （ えいそう ）	動物（特に鳥）が巣を作ること。
05 （ しゃふつ ）	煮立てること。
06 （ こうぐう ）	手厚く待遇すること。
07 （せいちょう）	澄みきって清らかなようす。 他例 澄明（ちょうめい）
08 （ なかす ）	川の中の、土砂などが積み重なって低い島状になっている所。
09 （ うぶぎ ）	生まれて間もない赤ん坊に着せる着物。
10 （ わらべ ）	童歌（わらべうた）＝昔から子どもに歌いつがれてきた歌。

でる度
★★★

部首 1

次の漢字の部首を記せ。

□ 01　献（　　　　）

□ 02　磨（　　　　）

□ 03　缶（　　　　）

□ 04　罷（　　　　）

□ 05　臭（　　　　）

□ 06　薦（　　　　）

□ 07　虜（　　　　）

□ 08　凹（　　　　）

□ 09　亭（　　　　）

□ 10　准（　　　　）

解答

01 （ 犬 ）

いぬ
他例 出題範囲では、献・獣・状・犬のみ。

02 （ 石 ）

いし
他例 出題範囲では、磨・碁・石のみ。
注意 广（まだれ）ではない。

03 （ 缶 ）

ほとぎ
他例 出題範囲では、缶のみ。

04 （ 罒 ）

あみがしら・あみめ・よこめ
他例 羅・罰・署・罪・置

05 （ 自 ）

みずから
他例 出題範囲では、臭・自のみ。
注意 大（だい）ではない。

06 （ 艹 ）

くさかんむり
他例 菌・薫・茎・荘・藻
注意 灬（れんが・れっか）ではない。

07 （ 虍 ）

とらがしら・とらかんむり
他例 出題範囲では、虜・虞・虐・虚のみ。

08 （ 凵 ）

うけばこ
他例 出題範囲では、凹・凸・凶・出のみ。

09 （ 亠 ）

なべぶた・けいさんかんむり
他例 享・亡・京・交

10 （ 冫 ）

にすい
他例 凝・凍・冷・冬

でる度
★★★

部首 2

次の漢字の部首を記せ。

□ 01　頒（　　　　）

□ 02　帥（　　　　）

□ 03　款（　　　　）

□ 04　煩（　　　　）

□ 05　矯（　　　　）

□ 06　窯（　　　　）

□ 07　索（　　　　）

□ 08　翁（　　　　）

□ 09　耗（　　　　）

□ 10　蛍（　　　　）

合格点	得点
7/10	/10

解答	解説
01 (頁)	おおがい 他例 頑・顕・頻・顧・項
02 (巾)	はば 他例 帝・幕・師・常・布
03 (欠)	あくび・かける 他例 欧・欺・歓・欲・欠
04 (火)	ひへん 他例 炊・炉・煙・燥・爆
05 (矢)	やへん 他例 出題範囲では、矯・短・知のみ。
06 (穴)	あなかんむり 他例 窮・窃・窒・突・窓 注意 灬(れんが・れっか)ではない。
07 (糸)	いと 他例 繭・累・緊・紫・繁
08 (羽)	はね 他例 翻・翼・翌・習・羽
09 (耒)	すきへん・らいすき 他例 出題範囲では、耗・耕のみ。 注意 毛(け)ではない。
10 (虫)	むし 他例 融・蛮・蚕・虫

読み
部首
熟語の構成
四字熟語
対義語・類義語
同音・同訓異字
誤字訂正
送り仮名
書き取り

でる度
★★★

部首③

次の漢字の部首を記せ。

□ 01　衷（　　　）

□ 02　辛（　　　）

□ 03　辱（　　　）

□ 04　殉（　　　）

□ 05　勅（　　　）

□ 06　叙（　　　）

□ 07　妄（　　　）

□ 08　尼（　　　）

□ 09　癒（　　　）

□ 10　靴（　　　）

合格点	得点
7/10	/10

でる度 ★★

解答

解説

01 （ 衣 ）

ころも
[他例] 褒・衰・袋・裂・襲
[注意] 亠（なべぶた・けいさんかんむり）ではない。

02 （ 辛 ）

からい
[他例] 出題範囲では、辛・辞のみ。

03 （ 辰 ）

しんのたつ
[他例] 出題範囲では、辱・農のみ。
[注意] 寸（すん）ではない。

04 （ 歹 ）

かばねへん・いちたへん・がつへん
[他例] 殊・殖・残・死

05 （ 力 ）

ちから
[他例] 劾・勲・勘・募・励

06 （ 又 ）

また
[他例] 叔・双・又・及・収

07 （ 女 ）

おんな
[他例] 婆・威・姿・妻・委

08 （ 尸 ）

かばね・しかばね
[他例] 尿・屈・尽・尾・尺

09 （ 疒 ）

やまいだれ
[他例] 疫・症・痴・痢・疾

10 （ 革 ）

かわへん
[他例] 出題範囲では、靴のみ。

でる度
★★★

部首 4

次の漢字の部首を記せ。

□ 01 刃（　　　）

□ 02 街（　　　）

□ 03 呈（　　　）

□ 04 尿（　　　）

□ 05 妥（　　　）

□ 06 履（　　　）

□ 07 囚（　　　）

□ 08 幣（　　　）

□ 09 庸（　　　）

□ 10 疑（　　　）

合格点	得点
7/10	/10

解答 / 解説

01 (刀)
かたな
他例 券・初・切・刀・分

02 (行)
ぎょうがまえ・ゆきがまえ
他例 衡・衝・衛・術

03 (口)
くち
他例 呉・嗣・唇・喪・哀

04 (尸)
かばね・しかばね
他例 尼・履・屈・尽・尾

05 (女)
おんな
他例 婆・威・姿・妻・女

06 (尸)
かばね・しかばね
他例 層・展・届・居・属

07 (囗)
くにがまえ
他例 圏・困・因・団・囲

08 (巾)
はば
他例 希・席・帯・帰・市

09 (广)
まだれ
他例 庶・廃・廉・廊・床

10 (疋)
ひき
他例 出題範囲では、疑のみ。

でる度
★★★

熟語の構成①

熟語の構成のしかたには次のようなものがある。

ア 同じような意味の漢字を重ねたもの（**身体**）
イ 反対または対応の意味を表す字を重ねたもの（**長短**）
ウ 上の字が下の字を修飾しているもの（**会員**）
エ 下の字が上の字の目的語・補語になっているもの（**着火**）
オ 上の字が下の字の意味を打ち消しているもの（**非常**）

次の熟語は、上のどれにあたるか、記号で記せ。

□ **01** 献呈（　　）

□ **02** 淑女（　　）

□ **03** 遭難（　　）

□ **04** 殉教（　　）

□ **05** 免疫（　　）

□ **06** 災禍（　　）

□ **07** 克己（　　）

□ **08** 忍苦（　　）

□ **09** 存廃（　　）

□ **10** 独吟（　　）

解答		解説
01	(ア)	献呈　どちらも「さしあげる」の意。
02	(ウ)	淑女　「しとやかな → 女性」と解釈。
03	(エ)	遭難　「遭う ← 災難に」と解釈。
04	(エ)	殉教　「命を投げ出す ← 宗教に」と解釈。
05	(エ)	免疫　「まぬかれる ← 病気を」と解釈。
06	(ア)	災禍　どちらも「わざわい」の意。
07	(エ)	克己　「かつ ← おのれに」と解釈。
08	(エ)	忍苦　「耐え忍ぶ ← 苦しみを」と解釈。
09	(イ)	存廃　「存続」↔「廃止」と解釈。
10	(ウ)	独吟　「独りで → うたう」と解釈。

でる度 ★★★

熟語の構成 ❷

熟語の構成のしかたには次のようなものがある。

ア 同じような意味の漢字を重ねたもの（**身体**）
イ 反対または対応の意味を表す字を重ねたもの（**長短**）
ウ 上の字が下の字を修飾しているもの（**会員**）
エ 下の字が上の字の目的語・補語になっているもの（**着火**）
オ 上の字が下の字の意味を打ち消しているもの（**非常**）

次の熟語は、上のどれにあたるか、記号で記せ。

□ **01**　美醜（　　）

□ **02**　崇仏（　　）

□ **03**　飢餓（　　）

□ **04**　頒価（　　）

□ **05**　漸進（　　）

□ **06**　剛柔（　　）

□ **07**　勧奨（　　）

□ **08**　貴賓（　　）

□ **09**　惜別（　　）

□ **10**　彼我（　　）

解答 / 解説

解答		解説
01	（イ）	美醜（びしゅう）「美しい」⟷「醜い」と解釈。
02	（エ）	崇仏（すうぶつ）「とうとぶ ← 仏を」と解釈。
03	（ア）	飢餓（きが）どちらも「うえる」の意。
04	（ウ）	頒価（はんか）「広く分け配る → 価格」と解釈。
05	（ウ）	漸進（ぜんしん）「だんだんと → 進む」と解釈。
06	（イ）	剛柔（ごうじゅう）「かたい」⟷「柔らかい」と解釈。
07	（ア）	勧奨（かんしょう）どちらも「すすめる」の意。
08	（ウ）	貴賓（きひん）「とうとい → 客人」と解釈。
09	（エ）	惜別（せきべつ）「惜しむ ← 別れを」と解釈。
10	（イ）	彼我（ひが）「彼」⟷「私」と解釈。

でる度 ★★★

熟語の構成 3

熟語の構成のしかたには次のようなものがある。

ア 同じような意味の漢字を重ねたもの（**身体**）
イ 反対または対応の意味を表す字を重ねたもの（**長短**）
ウ 上の字が下の字を修飾しているもの（**会員**）
エ 下の字が上の字の目的語・補語になっているもの（**着火**）
オ 上の字が下の字の意味を打ち消しているもの（**非常**）

次の熟語は、上のどれにあたるか、記号で記せ。

□ **01** 点滅（　　）

□ **02** 不遇（　　）

□ **03** 懐古（　　）

□ **04** 虚実（　　）

□ **05** 分析（　　）

□ **06** 愉悦（　　）

□ **07** 偏在（　　）

□ **08** 叙景（　　）

□ **09** 威嚇（　　）

□ **10** 弊風（　　）

	解答	解説
01	(イ)	点滅(てんめつ) 「ともす」↔「消す」と解釈。
02	(オ)	不遇(ふぐう) 「ふさわしい境遇でない」と解釈。
03	(エ)	懐古(かいこ) 「なつかしむ ← 昔を」と解釈。
04	(イ)	虚実(きょじつ) 「うそ」↔「まこと」と解釈。
05	(ア)	分析(ぶんせき) どちらも「わける」の意。
06	(ア)	愉悦(ゆえつ) どちらも「よろこぶ」の意。
07	(ウ)	偏在(へんざい) 「偏って → 存在している」と解釈。
08	(エ)	叙景(じょけい) 「詩文に表す ← 景色を」と解釈。
09	(ア)	威嚇(いかく) どちらも「おどす」の意。
10	(ウ)	弊風(へいふう) 「わるい → 風習」と解釈。

でる度 ★★★

熟語の構成④

熟語の構成のしかたには次のようなものがある。

ア 同じような意味の漢字を重ねたもの（**身体**）
イ 反対または対応の意味を表す字を重ねたもの（**長短**）
ウ 上の字が下の字を修飾しているもの（**会員**）
エ 下の字が上の字の目的語・補語になっているもの（**着火**）
オ 上の字が下の字の意味を打ち消しているもの（**非常**）

次の熟語は、上のどれにあたるか、記号で記せ。

□ **01** 興廃（　　）

□ **02** 未刊（　　）

□ **03** 殉職（　　）

□ **04** 憂愁（　　）

□ **05** 上棟（　　）

□ **06** 不詳（　　）

□ **07** 逸脱（　　）

□ **08** 任免（　　）

□ **09** 謹慎（　　）

□ **10** 勅使（　　）

解答		解説
01	(イ)	興廃（こうはい） 「盛んになる」↔「衰える」と解釈。
02	(オ)	未刊（みかん） 「刊行されていない」と解釈。
03	(エ)	殉職（じゅんしょく） 「命を投げ出す ← 職務で」と解釈。
04	(ア)	憂愁（ゆうしゅう） どちらも「うれえる」の意。
05	(エ)	上棟（じょうとう） 「上げる ← 棟木を」と解釈。
06	(オ)	不詳（ふしょう） 「つまびらかでない」と解釈。
07	(ア)	逸脱（いつだつ） どちらも「はずれる」の意。
08	(イ)	任免（にんめん） 「任せる」↔「やめさせる」と解釈。
09	(ア)	謹慎（きんしん） どちらも「つつしむ」の意。
10	(ウ)	勅使（ちょくし） 「天皇の → 使者」と解釈。

でる度 ★★★

熟語の構成 5

熟語の構成のしかたには次のようなものがある。

ア 同じような意味の漢字を重ねたもの（**身体**）
イ 反対または対応の意味を表す字を重ねたもの（**長短**）
ウ 上の字が下の字を修飾しているもの（**会員**）
エ 下の字が上の字の目的語・補語になっているもの（**着火**）
オ 上の字が下の字の意味を打ち消しているもの（**非常**）

次の熟語は、上のどれにあたるか、記号で記せ。

□ **01** 禍根（　　　）

□ **02** 無謀（　　　）

□ **03** 添削（　　　）

□ **04** 醜態（　　　）

□ **05** 旋回（　　　）

□ **06** 懲悪（　　　）

□ **07** 硬軟（　　　）

□ **08** 盗塁（　　　）

□ **09** 研磨（　　　）

□ **10** 媒体（　　　）

解答	解説
01 （ ウ ）	禍根（かこん） 「わざわいの → もと」と解釈。
02 （ オ ）	無謀（むぼう） 「深い考えがない」と解釈。
03 （ イ ）	添削（てんさく） 「添える」↔「削る」と解釈。
04 （ ウ ）	醜態（しゅうたい） 「みにくい → すがた」と解釈。
05 （ ア ）	旋回（せんかい） どちらも「まわる」の意。
06 （ エ ）	懲悪（ちょうあく） 「懲らしめる ← 悪を」と解釈。
07 （ イ ）	硬軟（こうなん） 「かたい」↔「やわらかい」と解釈。
08 （ エ ）	盗塁（とうるい） 「盗む ← 塁を」と解釈。
09 （ ア ）	研磨（けんま） どちらも「みがく」の意。
10 （ ウ ）	媒体（ばいたい） 「媒介する → 物体」と解釈。

でる度 ★★★

熟語の構成 6

熟語の構成のしかたには次のようなものがある。

ア 同じような意味の漢字を重ねたもの（**身体**） **イ** 反対または対応の意味を表す字を重ねたもの（**長短**） **ウ** 上の字が下の字を修飾しているもの（**会員**） **エ** 下の字が上の字の目的語・補語になっているもの（**着火**） **オ** 上の字が下の字の意味を打ち消しているもの（**非常**）

次の熟語は、上のどれにあたるか、記号で記せ。

□ **01** 陥没（　　）

□ **02** 出納（　　）

□ **03** 未了（　　）

□ **04** 剰余（　　）

□ **05** 濫造（　　）

□ **06** 赴任（　　）

□ **07** 解剖（　　）

□ **08** 雅俗（　　）

□ **09** 懐郷（　　）

□ **10** 防疫（　　）

解答		解説
01	（ ア ）	陥没（かんぼつ） どちらも「おちこむ、しずむ」の意。
02	（ イ ）	出納（すいとう） 「支出」⟷「収入」と解釈。
03	（ オ ）	未了（みりょう） 「まだ完了していない」と解釈。
04	（ ア ）	剰余（じょうよ） どちらも「あまり」の意。
05	（ ウ ）	濫造（らんぞう） 「みだりに → つくる」と解釈。
06	（ エ ）	赴任（ふにん） 「赴く ← 任地に」と解釈。
07	（ ア ）	解剖（かいぼう） どちらも「きりひらく」の意。
08	（ イ ）	雅俗（がぞく） 「上品」⟷「下品」と解釈。
09	（ エ ）	懐郷（かいきょう） 「懐かしむ ← 故郷を」と解釈。
10	（ エ ）	防疫（ぼうえき） 「防ぐ ← 疫病を」と解釈。

でる度 ★★★

四字熟語 ①

次の四字熟語の（　）に入る適切な語を右の□の中から選び、漢字一字で記せ。

□ 01 （　）常一様

□ 02 好機（　）来

□ 03 （　）善懲悪

□ 04 優勝（　）敗

□ 05 人面（　）心

□ 06 謹（　）実直

□ 07 少壮気（　）

□ 08 異（　）邪説

□ 09 難（　）不落

□ 10 暗雲低（　）

えい
かん
げん
こう
じゅう
じん
たん
とう
めい
れっ

合格点	得点
7/10	/10

これもねらわれる!

でる度 ★★

解答	解説
01 （尋）常一様（じんじょういちよう）	あたり前のこと。
02 好機（到）来（こうきとうらい）	チャンスがやってくること。
03 （勧）善懲悪（かんぜんちょうあく）	善行をすすめ悪行を懲らしめること。
04 優勝（劣）敗（ゆうしょうれっぱい）	強者が勝ち、弱者が負けること。
05 人面（獣）心（じんめん(にんめん)じゅうしん）	人の顔をしているが、血も涙もない人のたとえ。
06 謹（厳）実直（きんげんじっちょく）	つつしみ深くまじめで正直であること。また、そのさま。
07 少壮気（鋭）（しょうそうきえい）	年が若く元気で意気盛んなこと。
08 異（端）邪説（いたんじゃせつ）	少数派に信じられている正統ではない主張や学説、宗教のこと。
09 難（攻）不落（なんこうふらく）	せめにくくて容易に陥落しないこと。 他例「難」が出題されることもある。
10 暗雲低（迷）（あんうんていめい）	前途に不安なことが続くたとえ。 他例「暗」が出題されることもある。

でる度 ★★★

四字熟語 2

次の四字熟語の（　）に入る適切な語を右の□の中から選び、漢字一字で記せ。

□ 01 抱腹絶（　）

□ 02 容姿端（　）

□ 03 酔生（　）死

□ 04 （　）行無常

□ 05 論（　）明快

□ 06 （　）大妄想

□ 07 言行一（　）

□ 08 粗（　）粗食

□ 09 疾風迅（　）

□ 10 延命（　）災

い こ し しょ そく ち とう む らい れい

合格点	得点
7/10	/10

これも
ねらわれる!

でる度 ★★

解答	解説
01 抱腹絶(倒)（ほうふくぜっとう）	腹をかかえて大笑いをするさま。 他例「腹」が出題されることもある。
02 容姿端(麗)（ようしたんれい）	姿や形が整っていて美しいさま。 他例「端」が出題されることもある。
03 酔生(夢)死（すいせいむし）	何もせず無駄に一生を過ごすこと。 注意「すいせいぼうし」とも読む。
04 (諸)行無常（しょぎょうむじょう）	万物は常に変化し、とどまらないということ。
05 論(旨)明快（ろんしめいかい）	議論や論文の要点がわかりやすいこと。
06 (誇)大妄想（こだいもうそう）	自己の現状を実際よりも大げさに考えて、事実と思いこむこと。
07 言行一(致)（げんこういっち）	言うことと行いとが同じであること。
08 粗(衣)粗食（そいそしょく）	服と食事が粗末なこと。質素な生活のこと。
09 疾風迅(雷)（しっぷうじんらい）	勢いや行動がすばやく激しいこと。
10 延命(息)災（えんめいそくさい）	災いがおきないようにして、寿命を延ばすこと。

でる度 ★★★

四字熟語 ❸

次の四字熟語の（　）に入る適切な語を右の□の中から選び、漢字一字で記せ。

□ 01 深謀遠（　）

□ 02 （　）髪衝天

□ 03 徹頭徹（　）

□ 04 巧（　）拙速

□ 05 孤軍奮（　）

□ 06 天下（　）免

□ 07 和洋（　）衷

□ 08 千（　）万紅

□ 09 勢力伯（　）

□ 10 前（　）洋洋

ご し せっ ち ちゅう と ど とう び りょ

合格点	得点
7/10	/10

解答	解説
01 深謀遠（慮）(しんぼうえんりょ)	将来の事までよく考え計画を立てること。 注意「深慮遠謀(しんりょえんぼう)」とも。
02（怒）髪衝天(どはつしょうてん)	いかりで髪が逆立つほど、おこるさま。
03 徹頭徹（尾）(てっとうてつび)	最初から最後まで。一つの考えや行動を貫くさま。
04 巧（遅）拙速(こうちせっそく)	上手でおそいより、下手でもはやい方がよいこと。
05 孤軍奮（闘）(こぐんふんとう)	だれの助けもなくただ一人でがんばること。
06 天下（御）免(てんかごめん)	することをだれにも妨げられず公然と許されること。
07 和洋（折）衷(わようせっちゅう)	和風と洋風を適当にとり合わせること。 注意「和洋折中」とも書く。
08 千（紫）万紅(せんしばんこう)	色とりどりの花が咲き乱れているさま。 注意「千紅万紫(せんこうばんし)」・「万紫千紅(ばんしせんこう)」とも。
09 勢力伯（仲）(せいりょくはくちゅう)	二つの勢力に優劣の差がないこと。
10 前（途）洋洋(ぜんとようよう)	将来が希望に満ち満ちていること。

でる度 ★★★

四字熟語 4

次の四字熟語の（　）に入る適切な語を右の□の中から選び、漢字一字で記せ。

□ 01 危機一（　）

□ 02 冠（　）葬祭

□ 03 円転滑（　）

□ 04 公序良（　）

□ 05 故事来（　）

□ 06 （　）中模索

□ 07 （　）逆無道

□ 08 森羅（　）象

□ 09 （　）喜乱舞

□ 10 百（　）夜行

あく
あん
き
きょう
こん
ぞく
だつ
ぱつ
ばん
れき

合格点 7/10　得点 /10

これも ねらわれる！

でる度 ★★

解答	解説
01 危機一（髪）（ききいっぱつ）	非常に危ないせとぎわのこと。
02 冠（婚）葬祭（かんこんそうさい）	元服・結こん・葬儀などの慶弔の儀式のこと。
03 円転滑（脱）（えんてんかつだつ）	物事がすらすらと進むさま。
04 公序良（俗）（こうじょりょうぞく）	公共の秩序と善良な風習。
05 故事来（歴）（こじらいれき）	事柄について伝えられてきた歴史。その事の出所・経歴など。
06 （暗）中模索（あんちゅうもさく）	手掛かりなくあてもなく探り求めること。 他例「模」が出題されることもある。
07 （悪）逆無道（あくぎゃくむどう（ぶとう・ぶどう））	人の道にはずれたひどい行い。 他例「逆」が出題されることもある。
08 森羅（万）象（しんらばんしょう（ばんぞう・まんぞう））	あらゆる事物・現象のこと。 他例「象」が出題されることもある。
09 （狂）喜乱舞（きょうきらんぶ）	乱れ舞うほどに非常に喜ぶさま。 他例「舞」が出題されることもある。
10 百（鬼）夜行（ひゃっきやこう（やぎょう））	多くの人が醜い行動などをすること。

でる度 ★★★

四字熟語 5

次の四字熟語の（　）に入る適切な語を右の□の中から選び、漢字一字で記せ。

□ 01 良風美（　）

□ 02 不（　）不離

□ 03 鯨飲（　）食

□ 04 首（　）一貫

□ 05 複雑怪（　）

□ 06 衆口一（　）

□ 07 英俊（　）傑

□ 08 （　）止千万

□ 09 眺（　）絶佳

□ 10 面目（　）如

き
ごう
しょう
そく
ぞく
ち
ば
び
ぼう
やく

合格点	得点
7/10	/10

これもねらわれる!

解答	解説
01 良風美（俗）	よい習慣や風習のこと。 他例「美」が出題されることもある。
02 不（即）不離	つかず離れずのあいまいな関係にあること。 他例「離」が出題されることもある。
03 鯨飲（馬）食	大酒を飲み、大食いをすること。 注意 類義語は「牛飲馬食」。
04 首（尾）一貫	方針などが最後まで貫かれていること。
05 複雑怪（奇）	物事が複雑にこみいっていて不可解なようす。
06 衆口一（致）	多くの人の意見や評判が同じになること。
07 英俊（豪）傑	才知や武勇が特にすぐれていること。
08 （笑）止千万	ひどくこっけいでおかしいさま。
09 眺（望）絶佳	素晴らしく美しい眺めのこと。
10 面目（躍）如	評価にふさわしい活やくをすること。

でる度 ★★★

四字熟語 6

次の四字熟語の（　）に入る適切な語を右の□の中から選び、漢字一字で記せ。

□ 01 清（　）潔白

□ 02 軽（　）妄動

□ 03 汗牛（　）棟

□ 04 遺（　）千万

□ 05 多（　）亡羊

□ 06 孤城（　）日

□ 07 快刀乱（　）

□ 08 頑固一（　）

□ 09 （　）言令色

□ 10 綱紀（　）正

かん
き
きょ
こう
じゅう
しゅく
てつ
ま
らく
れん

合格点	得点
7/10	/10

これも ねらわれる!

でる度 ★★

解答	解説
01 清（廉）潔白（せいれんけっぱく）	清く正しく、やましいところがまったくないこと。
02 軽（挙）妄動（けいきょもうどう）	物事を深く考えずに、軽々しく行動すること。
03 汗牛（充）棟（かんぎゅうじゅうとう）	持っている本がたいへん多いことのたとえ。
04 遺（憾）千万（いかんせんばん）	非常に残念に思うこと。
05 多（岐）亡羊（たきぼうよう）	方針が多く、どれに決めてよいかわからないことのたとえ。
06 孤城（落）日（こじょうらくじつ）	勢いが衰えて、ひどく心細く頼りないことのたとえ。
07 快刀乱（麻）（かいとうらんま）	こじれた問題をあざやかに処理すること。
08 頑固一（徹）（がんこいってつ）	考えを変えず、あくまで意地を張るさま。
09 （巧）言令色（こうげんれいしょく）	飾った言葉などを使って人にこびること。
10 綱紀（粛）正（こうきしゅくせい）	規律を正して、不正をとりしまること。

でる度 ★★★

対義語・類義語 1

右の□の中の語を一度だけ使って漢字に直し、対義語・類義語を記せ。

対義語

□ 01 堕落 —（　　）

□ 02 清浄 —（　　）

□ 03 服従 —（　　）

□ 04 干渉 —（　　）

□ 05 懐柔 —（　　）

類義語

□ 06 将来 —（　　）

□ 07 輸送 —（　　）

□ 08 慶賀 —（　　）

□ 09 欠陥 —（　　）

□ 10 道端 —（　　）

いあつ
うんぱん
おだく
こうせい
しゅくふく
ぜんと
なんてん
はんこう
ほうにん
ろぼう

合格点	得点
7/10	/10

これもねらわれる！

でる度 ★★

解答 / 解説

01 （ 更生（こうせい） ）
堕落（だらく）＝身をもちくずすこと。
更生＝生活態度や精神をよい状態に戻すこと。

02 （ 汚濁（おだく） ）
清浄（せいじょう）＝清らかでけがれのないこと。
汚濁＝よごれていること。

03 （ 反抗（はんこう） ）
服従（ふくじゅう）＝他人の意思や命令に従うこと。
反抗＝相手に逆らうこと。はむかうこと。
他例 恭順（きょうじゅん）―反抗

04 （ 放任（ほうにん） ）
干渉（かんしょう）＝当事者でないのに立ち入ること。
放任＝干渉しないで自由にさせること。

05 （ 威圧（いあつ） ）
懐柔（かいじゅう）＝うまく丸めこんで従わせること。
威圧＝力で相手をおさえつけること。

06 （ 前途（ぜんと） ）
将来（しょうらい）＝これから先。ゆくすえ。
前途＝ゆくすえ。

07 （ 運搬（うんぱん） ）
輸送（ゆそう）＝船・車・飛行機などで、人や物をはこび送ること。
運搬＝荷物などをはこぶこと。

08 （ 祝福（しゅくふく） ）
慶賀（けいが）＝喜び祝うこと。祝賀。
祝福＝幸福を喜び祝うこと。また、幸福を祈ること。

09 （ 難点（なんてん） ）
欠陥（けっかん）＝欠けて足りないこと。不備な点。
難点＝むずかしいところ。処理などの困難な点。

10 （ 路傍（ろぼう） ）
道端（みちばた）＝道のほとり。
路傍＝みちばた。

でる度 ★★★

対義語・類義語 ②

右の□の中の語を一度だけ使って漢字に直し、対義語・類義語を記せ。

対義語

□ 01 剛健 —（　　）

□ 02 擁護 —（　　）

□ 03 悲哀 —（　　）

□ 04 緩慢 —（　　）

□ 05 秩序 —（　　）

類義語

□ 06 貢献 —（　　）

□ 07 幽閉 —（　　）

□ 08 変遷 —（　　）

□ 09 奔走 —（　　）

□ 10 是認 —（　　）

かんき
かんきん
きよ
こうてい
こんらん
しんがい
じんりょく
すいい
にゅうじゃく
びんそく

合格点	得点
7/10	/10

これも ねらわれる！

でる度 ★★

解答	解説
01 （ 柔弱（にゅうじゃく） ）	剛健（ごうけん）＝心身が強くたくましいこと。 柔弱＝気力や体質が弱々しいこと。
02 （ 侵害（しんがい） ）	擁護（ようご）＝かばい守ること。 侵害＝他人の物をかってに奪ったりそこなったりすること。
03 （ 歓喜（かんき） ）	悲哀（ひあい）＝悲しくてあわれなこと。 歓喜＝大きなよろこび。
04 （ 敏速（びんそく） ）	緩慢（かんまん）＝動きなどがゆっくりとしていること。手ぬるい処置。 敏速＝すばやいこと。すばしこいこと。
05 （ 混乱（こんらん） ）	秩序（ちつじょ）＝社会の状態を保つための決まり。 混乱＝秩序がなくみだれること。
06 （ 寄与（きよ） ）	貢献（こうけん）＝社会に力をつくし役立つこと。 寄与＝国家・社会・会社などに役に立つこと。
07 （ 監禁（かんきん） ）	幽閉（ゆうへい）＝ある場所に閉じこめること。 監禁＝ある場所に閉じこめて自由にさせないこと。
08 （ 推移（すいい） ）	変遷（へんせん）＝うつり変わり。 推移＝うつり変わること。時がたつこと。 他例 変遷―沿革（えんかく）
09 （ 尽力（じんりょく） ）	奔走（ほんそう）＝物事がうまくゆくように走り回って努力すること。 尽力＝ちからをつくすこと。ほねおり。
10 （ 肯定（こうてい） ）	是認（ぜにん）＝人の行為や思想などを、よいと認めること。 肯定＝そのとおりであると認めること。

でる度 ★★★

対義語・類義語 ③

右の□の中の語を一度だけ使って漢字に直し、対義語・類義語を記せ。

対義語

□ 01 寡黙 ―（　　）

□ 02 醜悪 ―（　　）

□ 03 秘匿 ―（　　）

□ 04 逸材 ―（　　）

□ 05 裕福 ―（　　）

類義語

□ 06 動転 ―（　　）

□ 07 理由 ―（　　）

□ 08 懇意 ―（　　）

□ 09 手本 ―（　　）

□ 10 盲点 ―（　　）

ぎょうてん
こんきょ
しかく
しんみつ
たべん
ばくろ
びれい
ひんこん
ぼんさい
もはん

解答	解説
01（多弁）	寡黙＝口数の少ないこと。 多弁＝口数の多いこと。
02（美麗）	醜悪＝非常に醜いさま。 美麗＝あでやかでうつくしいさま。
03（暴露）	秘匿＝人に見せずに隠しておくこと。 暴露＝秘密や悪事をあらわにすること。
04（凡才）	逸材＝人並み以上にすぐれた才能。 凡才＝人並みで、特にすぐれたところのない才能。
05（貧困）	裕福＝財産が多くて生活の豊かなこと。 貧困＝貧しくて生活に困っていること。 他例 富裕―貧困
06（仰天）	動転＝ひどく驚くこと。 仰天＝非常に驚くこと。
07（根拠）	理由＝そうなったわけ。事情。 根拠＝物事のよりどころ。
08（親密）	懇意＝特に親しく仲のよいこと。 親密＝非常に仲のよいこと。
09（模範）	手本＝規準となる型。様式。 模範＝見習うべきもの。お手本。
10（死角）	盲点＝人が意外と気づかないところ。 死角＝ある方向からは見通せない範囲。

でる度 ★★★

同音・同訓異字 1

次の——線のカタカナを漢字に直せ。

□ **01** ジュン朴な人柄で愛されている。（　　）

□ **02** 彼の言動は矛ジュンしている。（　　）

□ **03** パンフレットをハン布する。（　　）

□ **04** ハン雑な手続きを見直す。（　　）

□ **05** 年内にダ結するよう求める。（　　）

□ **06** 彼はダ落してしまった。（　　）

□ **07** 歴史あるボウ績工場を観光する。（　　）

□ **08** 死因を調べるために解ボウする。（　　）

□ **09** 新しい靴をハいて外出する。（　　）

□ **10** パーティーでハえる衣装。（　　）

合格点	得点
7/10	/10

解答	解説
01 (純)	純朴(じゅんぼく)＝飾りけがなく素直なこと。
02 (盾)	矛盾(むじゅん)＝二つの物事がくいちがっていて、つじつまが合わないこと。
03 (頒)	頒布(はんぷ)＝多くの人に分けて広く配ること。
04 (煩)	煩雑(はんざつ)＝ごたごたしてわずらわしいさま。
05 (妥)	妥結(だけつ)＝対立する両者の話がまとまること。 他例 妥協(だきょう)
06 (堕)	堕落(だらく)＝身を持ちくずすこと。 他例 自堕落(じだらく)
07 (紡)	紡績(ぼうせき)＝糸をつむぐこと。 他例 混紡(こんぼう)
08 (剖)	解剖(かいぼう)＝生物の体を切り開いて体内を調べること。
09 (履)	履く＝はきものを足につける。
10 (映)	映える＝あざやかに見える。引き立つ。立派に見える。

でる度 ★★★

同音・同訓異字 ②

次の——線のカタカナを漢字に直せ。

□ 01 心のキン線に触れるメロディー。(　　　)

□ 02 キン縮財政に反発する市民。(　　　)

□ 03 ローマ帝国が島をヘイ合した。(　　　)

□ 04 地方の疲ヘイは深刻化している。(　　　)

□ 05 だれが主サイする劇団ですか。(　　　)

□ 06 新機能を搭サイした機種を選ぶ。(　　　)

□ 07 先テツの教えを学ぶ。(　　　)

□ 08 大臣の更テツが発表された。(　　　)

□ 09 トマトが赤くウれる。(　　　)

□ 10 困難な仕事をウけた。(　　　)

合格点 7/10 ｜ 得点 /10

これもねらわれる!

でる度 ★★★ ★★ ★

解答	解説
01（ 琴 ）	琴線（きんせん）＝心の奥深くにある、物事に感動・共鳴しやすい感情。
02（ 緊 ）	緊縮（きんしゅく）＝ひきしめること。支出をおさえること。
03（ 併 ）	併合（へいごう）＝二つ以上のものを一つに合わせること。 他例 併設（へいせつ）・併願（へいがん）
04（ 弊 ）	疲弊（ひへい）＝困窮し、勢いが衰えること。 他例 語弊（ごへい）・悪弊（あくへい）・弊害（へいがい）
05（ 宰 ）	主宰（しゅさい）＝中心となって人々をまとめ、物事を行うこと。 他例 宰領（さいりょう）・宰相（さいしょう）
06（ 載 ）	搭載（とうさい）＝機器などに、ある装備や機能を組み込むこと。
07（ 哲 ）	先哲（せんてつ）＝昔のすぐれた思想家。 他例 変哲（へんてつ）
08（ 迭 ）	更迭（こうてつ）＝ある地位・役目の人を代えること。
09（ 熟 ）	熟れる＝果実や穀物などが十分みのる。
10（ 請 ）	請ける＝仕事を引き受ける。 他例 請（う）け合（あ）う・下請（したう）け

でる度 ★★★

同音・同訓異字 3

次の——線のカタカナを漢字に直せ。

□ **01** 彼なりの流ギがある。（　　）

□ **02** その場合は適ギ対応いたします。（　　）

□ **03** 税金の使トに不明な部分がある。（　　）

□ **04** 不動産を親族に譲トする。（　　）

□ **05** 会社の同リョウと昼食をとる。（　　）

□ **06** 荒リョウとした原野。（　　）

□ **07** 不幸な境ガイに生まれた作曲家。（　　）

□ **08** 気ガイを持って立ち向かう。（　　）

□ **09** 印材に自分の名前をホった。（　　）

□ **10** 全校生徒の前でホめられる。（　　）

解答 / 解説

01 （ 儀 ） 流儀＝物事のやり方。

02 （ 宜 ） 適宜＝状況にぴったり合っているさま。
他例 便宜・時宜

03 （ 途 ） 使途＝金銭や物資の使いみち。
他例 途端・途中

04 （ 渡 ） 譲渡＝ゆずりわたすこと。
他例 過渡期

05 （ 僚 ） 同僚＝同じ勤め先で働いている人。
他例 官僚・閣僚

06 （ 涼 ） 荒涼＝自然が荒れはててものさびしいようす。
他例 納涼・涼秋

07 （ 涯 ） 境涯＝生きていく中での環境や立場のこと。
他例 天涯・生涯

08 （ 概 ） 気概＝困難にくじけない強い気持ち。
他例 概念・大概・概観・概算

09 （ 彫 ） 彫る＝刻む。ほり刻む。

10 （ 褒 ） 褒める＝すぐれている点を評価し、そのことを言う。たたえる。

でる度 ★★★

同音・同訓異字 4

次の——線のカタカナを漢字に直せ。

□ **01** 俳優のハク真の演技。 (　　)

□ **02** ハク来の万年筆をいただいた。 (　　)

□ **03** 頑ジョウな箱に入れる。 (　　)

□ **04** 明るい校風をジョウ成する。 (　　)

□ **05** 元スイの称号が与えられる。 (　　)

□ **06** スイ魔と闘いながら勉強する。 (　　)

□ **07** 損害バイ償を請求した。 (　　)

□ **08** 細菌のバイ養実験をした。 (　　)

□ **09** あなたとは立場をコトにする。 (　　)

□ **10** コト更明るく振る舞っている。 (　　)

合格点	得点
7/10	/10

でる度 ★★

解答 / 解説

解答	解説
01 （ 迫 ）	迫真（はくしん）＝真にせまっていること。 他例 窮迫（きゅうはく）
02 （ 舶 ）	舶来（はくらい）＝外国から運ばれてくること。またその品。
03 （ 丈 ）	頑丈（がんじょう）＝物の作りが強くしっかりしているさま。
04 （ 醸 ）	醸成（じょうせい）＝（雰囲気などを）引き起こすこと。かもし出すこと。 他例 醸造（じょうぞう）・吟醸酒（ぎんじょうしゅ）
05 （ 帥 ）	元帥（げんすい）＝もとの陸海軍大将の中で天皇の最高軍事顧問機関に列せられた者の称号。 他例 総帥（そうすい）
06 （ 睡 ）	睡魔（すいま）＝眠気のこと。 他例 熟睡（じゅくすい）・午睡（ごすい）・睡眠（すいみん）
07 （ 賠 ）	賠償（ばいしょう）＝他人や外国に与えた損害をつぐなうこと。
08 （ 培 ）	培養（ばいよう）＝微生物・動植物の組織などを、生育・増殖させること。 他例 栽培（さいばい）
09 （ 異 ）	異にする＝違える。
10 （ 殊 ）	殊更（ことさら）＝わざわざ。

でる度 ★★★

同音・同訓異字 5

次の――線のカタカナを漢字に直せ。

□ 01 作業の間に休ケイをはさむ。 （　　）

□ 02 自然の恩ケイを受ける。 （　　）

□ 03 コン意にしている店を紹介する。（　　）

□ 04 珍しいコン虫を採集した。 （　　）

□ 05 授業が始まる前に予レイが鳴る。（　　）

□ 06 レイ細企業が密集している地域。（　　）

□ 07 生徒たちを一カツする。 （　　）

□ 08 幕府の直カツ地だった町。 （　　）

□ 09 父の帰りを待ちコがれた。 （　　）

□ 10 何にでもすぐコってしまう。 （　　）

解答	解説
01（憩）	休憩（きゅうけい）＝仕事や運動などを一時やめて、休むこと。
02（恵）	恩恵（おんけい）＝めぐみ。いつくしみ。
03（懇）	懇意（こんい）＝特に親しく仲のよいこと。 他例 懇談（こんだん）・懇親（こんしん）
04（昆）	昆虫（こんちゅう）＝節足動物こん虫綱に属する動物。 他例 昆布（こんぶ）
05（鈴）	予鈴（よれい）＝あることの開始を知らせるために、前もって鳴るベル。
06（零）	零細（れいさい）＝きわめて細かいさま。規模がきわめて小さいさま。
07（喝）	一喝（いっかつ）＝大声でひと声しかりつけること。 他例 恐喝（きょうかつ）・喝破（かっぱ）
08（轄）	直轄（ちょっかつ）＝直接管理すること。直接支配すること。 他例 所轄（しょかつ）・管轄（かんかつ）
09（焦）	焦がれる＝（動詞の下に付いて）その状態が続き、せつない気持ちになる。
10（凝）	凝る＝面白くて夢中になる。熱中する。

でる度 ★★★

誤字訂正 ①

次の各文にまちがって使われている同じ読みの漢字が一字ある。左に誤字を、右に正しい漢字を記せ。

□ **01** 木枯らしが吹き始めると冬将軍の踏来も間近という季節になる。

誤（　　）⇒ 正（　　）

□ **02** 病院に通うことが不可能な老人のために、医師が毎週、村を循回している。

誤（　　）⇒ 正（　　）

□ **03** 専制政治から解放されて、様々な係向の思想が一斉に開花した。

誤（　　）⇒ 正（　　）

□ **04** 腹部の余分な脂剖を取り除くために水泳教室で汗を流している。

誤（　　）⇒ 正（　　）

□ **05** 不時着の際の衝激に備えて姿勢を低くし、頭部を保護するように指導される。

誤（　　）⇒ 正（　　）

□ **06** 体操選手を引退し、充軟性をいかした舞踊家に転身した。

誤（　　）⇒ 正（　　）

□ **07** 消防訓練は町内の子どもたちが近所の公園に非難したところで終了した。

誤（　　）⇒ 正（　　）

□ **08** 食物織衣を多く含む根菜を積極的に料理に取り入れている。

誤（　　）⇒ 正（　　）

合格点	得点
6/8	/8

解答	誤		正	解説
01	（踏）	⇒	（到）	到来（とうらい）＝時節・時機が来ること。
02	（循）	⇒	（巡）	巡回（じゅんかい）＝見回ること。
03	（係）	⇒	（傾）	傾向（けいこう）＝ある方向へ向かっていること。
04	（剖）	⇒	（肪）	脂肪（しぼう）＝動植物にふくまれる揮発しないあぶら。
05	（激）	⇒	（撃）	衝撃（しょうげき）＝急激に加えられた力。ショック。
06	（充）	⇒	（柔）	柔軟（じゅうなん）＝やわらかく、しなやかなさま。
07	（非）	⇒	（避）	避難（ひなん）＝災難をさけて安全な場所へ逃げること。
08	（衣）	⇒	（維）	繊維（せんい）＝細い糸状の物質。

でる度 ★★★

誤字訂正 2

次の各文にまちがって使われている同じ読みの漢字が一字ある。左に誤字を、右に正しい漢字を記せ。

□ 01 人々を夢中にさせる演奏は、卓悦した技術によって生み出される。

誤（　　）⇒ 正（　　）

□ 02 不祥事が内部の情報から発覚し、職員は懲改処分となった。

誤（　　）⇒ 正（　　）

□ 03 過度の太陽光は視外線による皮膚がんの発生を助長すると公表された。

誤（　　）⇒ 正（　　）

□ 04 行政と地域住民との対話集会の場で、これまでの不満が憤出した。

誤（　　）⇒ 正（　　）

□ 05 入院中の被疑者を臨症尋問するため、裁判官が部屋まで赴いた。

誤（　　）⇒ 正（　　）

□ 06 無人探査機による初めての木星表面の観測で貴調なデータが集められた。

誤（　　）⇒ 正（　　）

□ 07 書道コンクールで入賞した児童たちへの記念品の造呈式が盛大に開かれた。

誤（　　）⇒ 正（　　）

□ 08 当社の石油精製設備は老窮化が進み生産性向上の障害となっている。

誤（　　）⇒ 正（　　）

合格点	得点
6/8	/8

これも ねらわれる！

でる度 ★★

解答・解説

	誤	正	解説
01	（悦）	⇒（越）	卓越（たくえつ）＝群をぬいてすぐれていること。
02	（改）	⇒（戒）	懲戒（ちょうかい）＝不正な行為などに対して制裁を加え、こらしめること。
03	（視）	⇒（紫）	紫外線（しがいせん）＝日光をプリズムで分けたとき、むらさき色の外側にある目には見えない光線。
04	（憤）	⇒（噴）	噴出（ふんしゅつ）＝強くふき出ること。
05	（症）	⇒（床）	臨床尋問（りんしょうじんもん）＝証人が病気で出頭できない場合に、裁判所がそこに赴いて行う尋問。
06	（調）	⇒（重）	貴重（きちょう）＝きわめて価値が高く大切なこと。
07	（造）	⇒（贈）	贈呈（ぞうてい）＝人に物を差し上げること。
08	（窮）	⇒（朽）	老朽化（ろうきゅうか）＝古くなって役に立たなくなること。

でる度 ★★★

誤字訂正 ③

次の各文にまちがって使われている同じ読みの漢字が一字ある。左に誤字を、右に正しい漢字を記せ。

□ 01 人体への影響が心配される物質が大気を汚泉している実態を明らかにする。

誤（　　）⇒ 正（　　）

□ 02 石油代替エネルギーとして住宅用太陽光発電の改良と普求を促進する。

誤（　　）⇒ 正（　　）

□ 03 我が国では少子高零化の進行に伴い、医療費も急激に増加している。

誤（　　）⇒ 正（　　）

□ 04 携帯電話の進化が警備業界にも新しい授要を生み出した。

誤（　　）⇒ 正（　　）

□ 05 追倒式に参列し、故人との生前の交流に思いをはせる。

誤（　　）⇒ 正（　　）

□ 06 警察の綿密な調査により、犯罪が的発された。

誤（　　）⇒ 正（　　）

□ 07 三年連続最下位に沈んだ責任を取って観督とコーチが総退陣した。

誤（　　）⇒ 正（　　）

□ 08 この事業に予算を投入しても状境は好転しないと専門家は見解を示した。

誤（　　）⇒ 正（　　）

合格点	得点
6/8	/8

これも
ねらわれる！

でる度 ★★

解答

	誤		正
01	（泉）	⇒	（染）
02	（求）	⇒	（及）
03	（零）	⇒	（齢）
04	（授）	⇒	（需）
05	（倒）	⇒	（悼）
06	（的）	⇒	（摘）
07	（観）	⇒	（監）
08	（境）	⇒	（況）

解説

01 汚染（おせん）＝空気・水などが有毒ガス・廃棄物などで汚れること。

02 普及（ふきゅう）＝広く一般にゆきわたること。

03 高齢（こうれい）＝年をとっていること。

04 需要（じゅよう）＝商品を求めたいという欲望。

05 追悼（ついとう）＝死者をしのんで、悲しみにひたること。

06 摘発（てきはつ）＝悪事などをあばいて世間に発表すること。

07 監督（かんとく）＝全体の指揮・管理などにあたること。また、その人。

08 状況（じょうきょう）＝物事の変化していく、その時どきのようす。

でる度
★★★

送り仮名 1

次の——線のカタカナを漢字一字と送り仮名（ひらがな）に直せ。

□ **01** 記憶が<u>アザヤカニ</u>よみがえる。（　　）

□ **02** 中身が<u>スケル</u>包装紙だ。（　　）

□ **03** 強風によって損害を<u>コウムル</u>。（　　）

□ **04** 家庭の問題を<u>カカエル</u>人が多い。（　　）

□ **05** 用件を<u>ウケタマワリ</u>ました。（　　）

□ **06** 終始<u>ナゴヤカニ</u>歓談している。（　　）

□ **07** 丁寧に<u>アツカッ</u>てください。（　　）

□ **08** <u>ニブッ</u>ていた感覚を取り戻す。（　　）

□ **09** 果実を放置して<u>クサラス</u>。（　　）

□ **10** 家族全員で父を<u>ムカエル</u>。（　　）

合格点	得点
7/10	/10

これも ねらわれる!

でる度 ★★

解答 / 解説

解答	解説
01（ 鮮やかに ）	鮮やか＝色・形などがきわだって目立つさま。
02（ 透ける ）	物を通して向こうが見える。とうめい。
03（ 被る ）	災いなどを身に受ける。
04（ 抱える ）	負担になるものを自分の身に引き受ける。
05（ 承り ）	承る＝「受ける」「承知する」の謙譲語。
06（ 和やかに ）	和やか＝人々の心が打ち解けて穏やかなさま。
07（ 扱っ ）	扱う＝動かす。用いる。
08（ 鈍っ ）	鈍る＝働きが弱くなること。
09（ 腐らす ）	腐らす＝傷ませる。
10（ 迎える ）	人が来ることを待ち受ける。

でる度 ★★★

送り仮名 ②

次の――線のカタカナを漢字一字と送り仮名（ひらがな）に直せ。

□ **01** 可能性を<u>セバメル</u>のは良くない。(　　　)

□ **02** 階段で転んで靴が<u>ヌゲル</u>。(　　　)

□ **03** 焼き魚に大根おろしを<u>ソエル</u>。(　　　)

□ **04** 疑問を<u>タズネル</u>ために呼びとめた。(　　　)

□ **05** 絵本を読んで子どもを<u>ネカス</u>。(　　　)

□ **06** あまりの寒さに体が<u>フルエル</u>。(　　　)

□ **07** 夫は<u>ホコラシイ</u>表情で話した。(　　　)

□ **08** 服を<u>タタン</u>でたんすに入れる。(　　　)

□ **09** このなべを使うと早く<u>ニエル</u>。(　　　)

□ **10** 遺跡を<u>メグル</u>旅も最後になった。(　　　)

解答 / 解説

	解答	解説
01	（ 狭める ）	せまくする。間隔を詰める。
02	（ 脱げる ）	身につけているものが離れる。
03	（ 添える ）	つけ加える。
04	（ 尋ねる ）	不明なことを人に問う。質問する。
05	（ 寝かす ）	ねるようにする。
06	（ 震える ）	小刻みに動く。細かく揺れ動く。
07	（ 誇らしい ）	得意で自慢したい気分である。
08	（ 畳ん ）	畳む＝折り返して重ねる。
09	（ 煮える ）	汁などとともに加熱した食物によく熱が通って食べられるようになる。
10	（ 巡る ）	あちこちと順にまわり歩く。

でる度 ★★★

送り仮名 ③

次の――線のカタカナを漢字一字と送り仮名（ひらがな）に直せ。

□ **01** 犯罪多発をナゲカワシク思う。（　　）

□ **02** 実情をフマエて判断する。（　　）

□ **03** 言葉をニゴシて説明する。（　　）

□ **04** ふとサビシクなる時がある。（　　）

□ **05** バランスを崩してタオレル。（　　）

□ **06** 突然の引退宣言にオドロク。（　　）

□ **07** 燃料がツイエル。（　　）

□ **08** ハズム心を抑え、発表を待った。（　　）

□ **09** 空をアオグと満天の星。（　　）

□ **10** 彼こそホマレ高き日本男子だ。（　　）

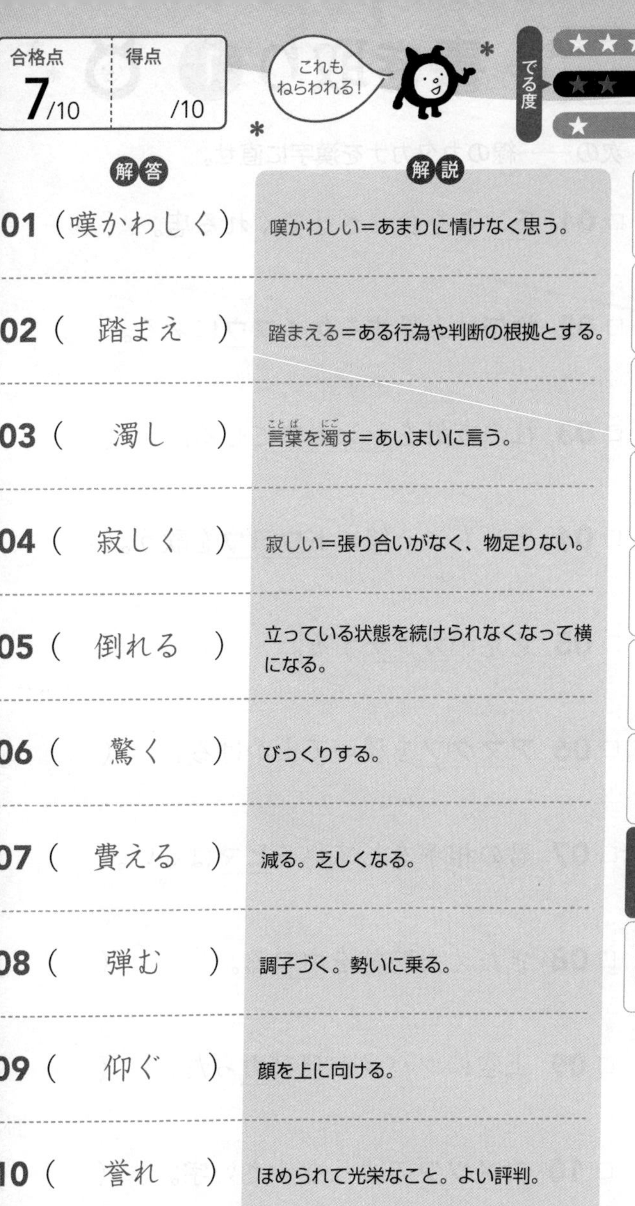

解答

解説

	解答	解説
01	（嘆かわしく）	嘆かわしい＝あまりに情けなく思う。
02	（踏まえ）	踏まえる＝ある行為や判断の根拠とする。
03	（濁し）	言葉（ことば）を濁（にご）す＝あいまいに言う。
04	（寂しく）	寂しい＝張り合いがなく、物足りない。
05	（倒れる）	立っている状態を続けられなくなって横になる。
06	（驚く）	びっくりする。
07	（費える）	減る。乏しくなる。
08	（弾む）	調子づく。勢いに乗る。
09	（仰ぐ）	顔を上に向ける。
10	（誉れ）	ほめられて光栄なこと。よい評判。

でる度 ★★★

書き取り❶

次の――線のカタカナを漢字に直せ。

□ 01 チンミを食べさせてくれる店。（　　）

□ 02 物価は上昇するケイコウにある。（　　）

□ 03 社の方針をシントウさせる。（　　）

□ 04 子どもと一緒にドウヨウを歌う。（　　）

□ 05 意見がガッチする。（　　）

□ 06 アマグツを履いて出かける。（　　）

□ 07 君の相手をしているヒマはない。（　　）

□ 08 きたえた腕前をホコる。（　　）

□ 09 上空にツバメが飛びカった。（　　）

□ 10 コメツブのような小さい字。（　　）

合格点	得点
7/10	/10

これも ねらわれる！

でる度 ★★

解答	解説
01（ 珍味 ）	めったに味わえないおいしい食べ物。 他例 珍重（ちんちょう）・珍事（ちんじ）
02（ 傾向 ）	ある方向へ向かっていること。 他例 傾斜（けいしゃ）・傾注（けいちゅう）
03（ 浸透 ）	考え方などが広く行き渡ること。 他例 透明（とうめい）・透視（とうし）
04（ 童謡 ）	民間で歌いつがれてきた子どもの歌。 他例 歌謡（かよう）
05（ 合致 ）	同じになること。ぴったり合うこと。 他例 致命（ちめい）・一致（いっち）・招致（しょうち）
06（ 雨靴 ）	雨などが降った日に履く、ゴム製などのくつ。 他例 上靴（うわぐつ）・長靴（ながぐつ）
07（ 暇 ）	余裕のある時間。
08（ 誇 ）	誇る＝得意がる。自慢する。
09（ 交 ）	飛（と）び交（か）う＝入りまじって飛ぶ。
10（ 米粒 ）	コメの一つ一つのつぶ。 他例 大粒（おおつぶ）

でる度 ★★★

書き取り②

次の——線のカタカナを漢字に直せ。

□ 01 決定的シュンカンをとらえる。（　　　）

□ 02 募った心情をトロする。（　　　）

□ 03 キンリン諸国を訪問する。（　　　）

□ 04 詳細はベットご案内します。（　　　）

□ 05 上司にゲイゴウした発言。（　　　）

□ 06 氷をクダいてグラスに入れる。（　　　）

□ 07 上司に指示をアオいだ。（　　　）

□ 08 遠慮せずにタヨってほしい。（　　　）

□ 09 ネボウして遅刻した。（　　　）

□ 10 よくウれたモモを使ったお菓子。（　　　）

合格点 7/10　得点 /10

解答 | 解説

01（瞬間）
またたくま。
他例 一瞬（いっしゅん）

02（吐露）
包み隠さず考えを言うこと。
他例 暴露（ばくろ）・露骨（ろこつ）

03（近隣）
となりや、ちかい所。
他例 隣国（りんごく（こく））・隣接（りんせつ）

04（別途）
べつのみち。べつの方法で。
他例 用途（ようと）

05（迎合）
自分の考えを曲げても人の気に入るように調子を合わせること。
他例 歓迎（かんげい）・送迎（そうげい）

06（砕）
砕く＝強い力を加えて、固い物などを細かくする。

07（仰）
仰ぐ＝教えや援助を求める。

08（頼）
頼る＝たのみにする。あてにして寄りかかる。
他例 頼（たの）もしい

09（寝坊）
朝遅くまでねること。
他例 寝床（ねどこ）・寝耳（ねみみ）

10（熟）
熟れる＝果実や穀物などが十分みのる。

でる度 ★★★

書き取り ③

次の——線のカタカナを漢字に直せ。

□ 01 タイヨウ年数が三年の機械。（　　）

□ 02 一位の座をカクトクした。（　　）

□ 03 ネッキョウ的なファンを見た。（　　）

□ 04 みなでキンキョウを報告しあう。（　　）

□ 05 市長にギワクの目が向けられた。（　　）

□ 06 遅刻して彼女の機嫌をソコなう。（　　）

□ 07 自分にホコサキが向けられた。（　　）

□ 08 サワに群生する植物を調べる。（　　）

□ 09 初優勝に観客がワいた。（　　）

□ 10 コヨミのうえではもう夏だ。（　　）

合格点 7/10　得点 /10

解答 / 解説

01（ 耐用 ）
機械・施設などが長時間の使用などにたえること。
他例 耐寒(たいかん)・耐久(たいきゅう)

02（ 獲得 ）
物品・権利などを手に入れること。
他例 捕獲(ほかく)・獲物(えもの)

03（ 熱狂 ）
非常に興奮し夢中になること。
他例 狂言(きょうげん)・狂乱(きょうらん)

04（ 近況 ）
最近のようす。
他例 不況(ふきょう)

05（ 疑惑 ）
うたがうこと。うたがい。
他例 困惑(こんわく)・惑星(わくせい)

06（ 損 ）
損なう＝人の気持ちや体の調子を悪くする。

07（ 矛先 ）
攻撃の方向や勢い。

08（ 沢 ）
低地で草のはえている湿地。

09（ 沸 ）
沸く＝感情が高ぶる。

10（ 暦 ）
一年間の月日・七曜・祝祭日や日月の出入り・月のみちかけ・日食・月食などを日を追って記載したもの。カレンダー。

でる度 ★★★

書き取り ④

次の――線のカタカナを漢字に直せ。

□ **01** 運動場にヒナンして下さい。（　　）

□ **02** 彼はゴウカイな性格だ。（　　）

□ **03** 建設計画にテイコウした。（　　）

□ **04** ソウゾウしい学生。（　　）

□ **05** 一心に合格をキネンした。（　　）

□ **06** パソコンにクワしい友人。（　　）

□ **07** 公園のシバが青くきれいだ。（　　）

□ **08** 体にオヨぼす影響を調べる。（　　）

□ **09** 冬のナマリ色の空。（　　）

□ **10** 壊した窓の修理費をツグナう。（　　）

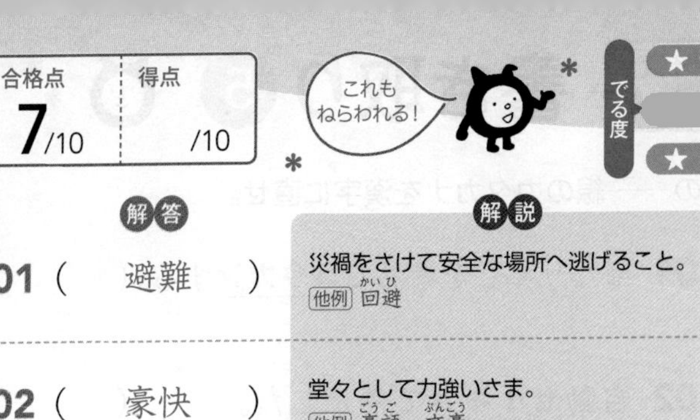

解答	解説
01（ 避難 ）	災禍をさけて安全な場所へ逃げること。 他例 回避（かいひ）
02（ 豪快 ）	堂々として力強いさま。 他例 豪語（ごうご）・文豪（ぶんごう）
03（ 抵抗 ）	外からの力や権力や体制などに逆らうこと。 他例 対抗（たいこう）・抗議（こうぎ）
04（騒々（騒騒））	騒々しい＝音や声が大きくやかましいこと。 他例 騒音（そうおん）
05（ 祈念 ）	神仏などにいのること。 他例 祈願（きがん）
06（ 詳 ）	詳しい＝精通している。
07（ 芝 ）	景観美化や土留めのために植える葉の細い草。 他例 芝居（しばい）
08（ 及 ）	及ぼす＝ゆきわたらせる。
09（ 鉛 ）	鉛色（なまりいろ）＝なまりのような青みがかった灰色。
10（ 償 ）	償う＝金品を出して、損失の補いをする。

でる度 ★★★

書き取り 5

次の――線のカタカナを漢字に直せ。

□ **01** 当たりくじを景品とコウカンする。( )

□ **02** 自動セイギョで停止した。( )

□ **03** ジュンシ船が遭難者を発見した。( )

□ **04** 若者の流出でカソ化が進む村。( )

□ **05** 旅客機のシュヨクを見る。( )

□ **06** ご活躍をおイノりします。( )

□ **07** 彼はコガラな人が好みだ。( )

□ **08** 緊張で声がフルえる。( )

□ **09** 今日は帰りがオソい。( )

□ **10** 不安にオソわれた。( )

解答 | 解説

解答	解説
01（ 交換 ）	取りかえること。 他例 換気（かんき）・換算（かんさん）・変換（へんかん）
02（ 制御 ）	機械やシステムなどを目的に適した状態で働くように扱うこと。コントロール。 他例 防御（ぼうぎょ）
03（ 巡視 ）	実状を見てまわること。 他例 巡回（じゅんかい）・巡業（じゅんぎょう）
04（ 過疎 ）	人口が非常に少ないこと。 他例 疎外（そがい）・疎通（そつう）
05（ 主翼 ）	飛行機の胴体の両側に突き出ていて、揚力を与えるつばさ。 他例 尾翼（びよく）・一翼（いちよく）
06（ 祈 ）	祈る＝心から望む。
07（ 小柄 ）	体格がふつうより小さいこと。 他例 人柄（ひとがら）
08（ 震 ）	震える＝小刻みに動く。細かく揺れ動く。
09（ 遅 ）	遅い＝（普通の場合より）時間がかかる。
10（ 襲 ）	不安（ふあん）に襲（おそ）われる＝気がかりなことが浮かび、心配になる。

でる度
★★★

書き取り⑥

次の――線のカタカナを漢字に直せ。

□ **01** 新商品がコキャクの支持を得る。(　　　)

□ **02** 米をトラックでハンソウする。(　　　)

□ **03** 最新の技術をクシして取り組む。(　　　)

□ **04** 景気回復にナイジュ拡大を望む。(　　　)

□ **05** 倒産後、正門はヘイサされた。(　　　)

□ **06** 野原でツクシをツみ取る。(　　　)

□ **07** 教会で結婚のチカいを立てる。(　　　)

□ **08** 無礼なアツカいを受ける。(　　　)

□ **09** 反対意見が大半をシめた。(　　　)

□ **10** 気持ちがハズむ。(　　　)

合格点	得点
7/10	/10

でる度 ★★

解答	解説
01 （ 顧客 ）	ひいきにしてくれる客。 他例 刺客（しかく（しきゃく））・旅客（りょかく（りょきゃく））
02 （ 搬送 ）	荷物を運びおくること。 他例 搬入（はんにゅう）
03 （ 駆使 ）	自由自在につかいこなすこと。 他例 駆除（くじょ）
04 （ 内需 ）	国内における、商品に対する欲望。またその総量。 他例 必需（ひつじゅ）
05 （ 閉鎖 ）	出入り口などをとざすこと。 他例 連鎖（れんさ）
06 （ 摘 ）	摘（つ）み取（と）る＝指先ではさんで取る。
07 （ 誓 ）	誓い＝神仏にちかうこと。
08 （ 扱 ）	扱い＝応対・待遇。
09 （ 占 ）	占める＝全体の中である割合を持つ。
10 （ 弾 ）	弾む＝調子づく。勢いに乗る。 他例 弾（ひ）く

でる度 ★★★

書き取り 7

次の——線のカタカナを漢字に直せ。

□ **01** 信頼回復にエイイ努力する。（　　）

□ **02** 多くの古墳がトウクツされた。（　　）

□ **03** シンミョウな顔つきだ。（　　）

□ **04** 筆記試験をメンジョされた。（　　）

□ **05** 映画を見てカンルイにむせぶ。（　　）

□ **06** ユカイタをはがして張り替える。（　　）

□ **07** 今はサビれた温泉宿。（　　）

□ **08** 寒いので、ハく息が白い。（　　）

□ **09** 私の家族は全員アマトウです。（　　）

□ **10** いたずらっ子をコらしめる。（　　）

合格点	得点
7/10	/10

解答 / 解説

01（　鋭意　）
一心に努力すること。一生懸命。
他例 精鋭（せいえい）

02（　盗掘　）
他人の所有地を無断でほって地中の物をぬすむこと。
他例 強盗（ごうとう）・盗難（とうなん）

03（　神妙　）
素直でおとなしい。けなげで感心なようす。
他例 絶妙（ぜつみょう）

04（　免除　）
義務・役目などを果たさなくてもよいと許可すること。
他例 罷免（ひめん）・免税（めんぜい）

05（　感涙　）
強く心が動き、流すなみだ。

06（　床板　）
ゆかに張るいた。

07（　寂　）
寂れる＝人けがなくさびしくなる。すたれる。

08（　吐　）
吐く＝口や鼻から体の外に出す。

09（　甘党　）
酒よりあまいものを好む人。
他例 甘酒（あまざけ）

10（　懲　）
懲らしめる＝制裁を加えるなどして二度としないようにさせる。

でる度 ★★★

書き取り⑧

次の――線のカタカナを漢字に直せ。

□ 01 音楽家とジショウしている男。 （　　）

□ 02 ジョバンから大量失点をした。 （　　）

□ 03 博士がショウガイ続けた研究。 （　　）

□ 04 山からフンエンが上がった。 （　　）

□ 05 ニュウワな顔をしている。 （　　）

□ 06 彼の意見にミナが賛同した。 （　　）

□ 07 あとひと月でモモの節句だ。 （　　）

□ 08 廃屋の中にクちた柱が見える。 （　　）

□ 09 彼にはかわいいムスメがいる。 （　　）

□ 10 先祖代々伝わる家宝のツルギ。 （　　）

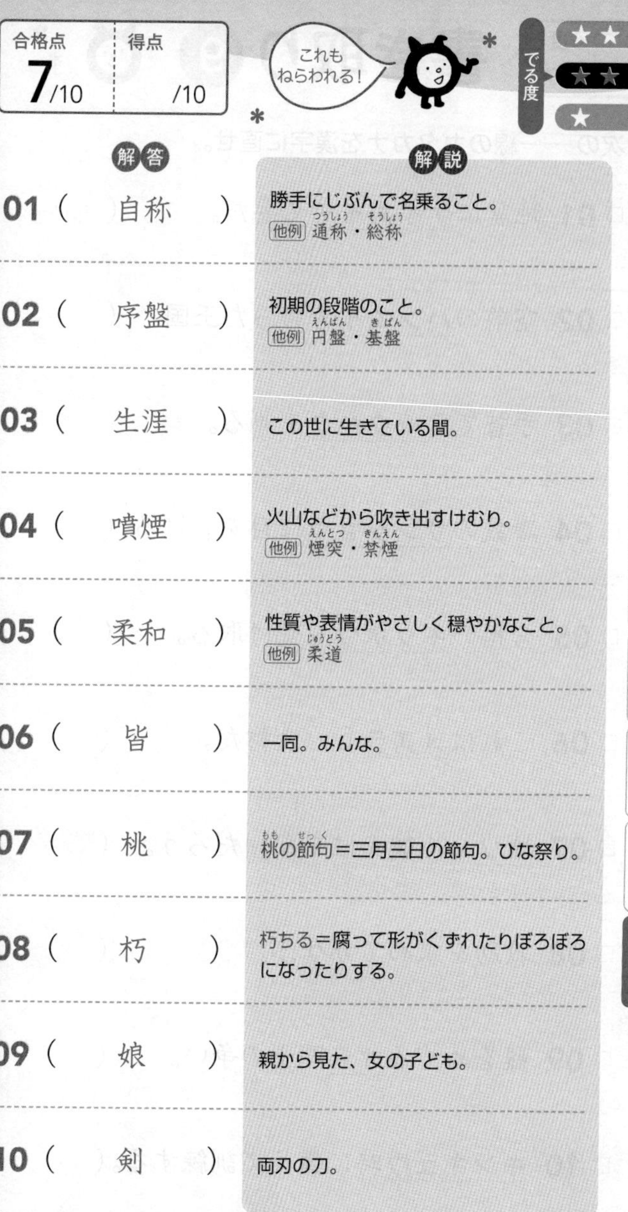

	解答	解説
01	（ 自称 ）	勝手にじぶんで名乗ること。 他例 通称（つうしょう）・総称（そうしょう）
02	（ 序盤 ）	初期の段階のこと。 他例 円盤（えんばん）・基盤（きばん）
03	（ 生涯 ）	この世に生きている間。
04	（ 噴煙 ）	火山などから吹き出すけむり。 他例 煙突（えんとつ）・禁煙（きんえん）
05	（ 柔和 ）	性質や表情がやさしく穏やかなこと。 他例 柔道（じゅうどう）
06	（ 皆 ）	一同。みんな。
07	（ 桃 ）	桃（もも）の節句（せっく）＝三月三日の節句。ひな祭り。
08	（ 朽 ）	朽ちる＝腐って形がくずれたりぼろぼろになったりする。
09	（ 娘 ）	親から見た、女の子ども。
10	（ 剣 ）	両刃の刀。

でる度
★★★

書き取り 9

次の——線のカタカナを漢字に直せ。

□ 01 地震にケイカイが必要だ。 (　　)

□ 02 空前のハンエイを誇った王国。 (　　)

□ 03 手首でミャクハクを測る。 (　　)

□ 04 事故のサンジョウに目を背ける。 (　　)

□ 05 合格のキッポウを受け取る。 (　　)

□ 06 これはメズラしい食材だ。 (　　)

□ 07 オソらく彼女は来ないだろう。 (　　)

□ 08 救助を求めてサケぶ。 (　　)

□ 09 雌をめぐるオス同士の争い。 (　　)

□ 10 キンキュウ時に備えて訓練する。 (　　)

解答	解説
01 (警戒)	よくないことが起こらないように注意し、用心すること。 他例 戒律（かいりつ）
02 (繁栄)	さかえて発展すること。 他例 繁殖（はんしょく）・繁茂（はんも）
03 (脈拍)	心臓から血液がおし出されることで、周期的に起こる鼓動。 他例 拍手（はくしゅ）・拍車（はくしゃ）
04 (惨状)	むごたらしいありさま。 他例 惨事（さんじ）
05 (吉報)	よい知らせ。
06 (珍)	珍しい＝めったにない。目新しい。
07 (恐)	恐らく＝たぶん。
08 (叫)	叫ぶ＝大声をあげる。わめく。
09 (雄)	動物で、精巣を持ち精子をつくるもの。 他例 雄花（おばな）
10 (緊急)	重大で即座に対応しなければならないこと。 他例 緊張（きんちょう）・緊迫（きんぱく）

でる度 ★★★

書き取り⑩

次の——線のカタカナを漢字に直せ。

□ **01** 連日テツヤで調べ物をする。 (　　)

□ **02** 割った皿をベンショウする。 (　　)

□ **03** 不作のため米価がボウトウする。(　　)

□ **04** 満月後の月をカゲンの月と呼ぶ。(　　)

□ **05** 芸能人の友人がイツワを語る。 (　　)

□ **06** ヒガタになる遠浅の海岸。 (　　)

□ **07** ハダミ離さず持ち歩く写真。 (　　)

□ **08** 長距離を走るのはイヤだった。 (　　)

□ **09** 自分のカラに閉じこもる。 (　　)

□ **10** 今朝、ハツシモが観測された。 (　　)

合格点	得点
7/10	/10

★★

解答 / **解説**

	解答	解説
01	（ 徹夜 ）	一晩中寝ないで起きていること。
02	（ 弁償 ）	他人に与えた損害を金銭などで清算すること。
03	（ 暴騰 ）	物価や相場などが大幅に急上昇すること。
04	（ 下弦 ）	陰暦二十二、二十三日ごろの半月。
05	（ 逸話 ）	人についての、あまり知られていない興味深い話。 他例 散逸［さんいつ］・逸［いっ］する
06	（ 干潟 ）	遠浅の海岸で、潮が引いた時に現れる砂地。
07	（ 肌身 ）	肌身離［はだみはな］さず＝いつも離さないで身につけているさま。
08	（ 嫌 ）	きらいなさまや、不快なさま。
09	（ 殻 ）	自分と外界とを隔てるものの比喩［ひゆ］。
10	（ 初霜 ）	その年にはじめて降りたしも。

でる度 ★★★

書き取り ⑪

次の——線のカタカナを漢字に直せ。

□ 01 名勝として名高いケイコク。 (　　)

□ 02 数字をカッコで閉じる。 (　　)

□ 03 町内のシギンの大会に参加する。 (　　)

□ 04 消毒液で傷口をサッキンする。 (　　)

□ 05 父にイッカツされ目が覚めた。 (　　)

□ 06 カイヅカから石器が発見される。 (　　)

□ 07 薬局がタナ卸しのため休業する。 (　　)

□ 08 歓迎のヒトガキが沿道にできる。 (　　)

□ 09 卵白をかき回してアワダてる。 (　　)

□ 10 ミサキから海を眺める。 (　　)

解答	解説
01 (渓谷)	水の流れている深い谷。
02 (括弧)	ほかと区別するため、文字・数式などの前後につける記号。
03 (詩吟)	漢詩に節をつけてうたうこと。
04 (殺菌)	病気の原因となるバクテリアなどを死滅させること。
05 (一喝)	大声でひと声しかりつけること。
06 (貝塚)	先史時代の人類が捨てた貝の殻などがたい積してできた遺跡。
07 (棚)	棚卸し(たなおろし)=決算などで、在庫の数量を調べ、その価額を見積もること。
08 (人垣)	大勢の人が、かきねのように立ちならぶこと。
09 (泡立)	泡立てる=(かき回して)あわが立つようにする。
10 (岬)	海・湖に突き出ている陸地の先端。

でる度
★★★

書き取り⑫

次の――線のカタカナを漢字に直せ。

□ **01** 仕事のホウシュウをもらう。（　　）

□ **02** ヘイコウ感覚にすぐれている人。（　　）

□ **03** 職務をエッケンした行為だ。（　　）

□ **04** 店で会社のドウリョウに会う。（　　）

□ **05** のどのエンショウで声が出ない。（　　）

□ **06** 互いの認識にヘダたりがある。（　　）

□ **07** 勝利のアカツキには友と祝おう。（　　）

□ **08** 胸の中で不安がウズマいている。（　　）

□ **09** 日曜日は家族で魚をツりに行く。（　　）

□ **10** 大胆カつ細心な作戦だ。（　　）

合格点	得点
7/10	/10

解答	解説
01（ 報酬 ）	労働などの対価としての金銭・物品。
02（ 平衡 ）	平衡感覚（へいこうかんかく）＝全身の位置やつりあいを感知する感覚。一方にかたよらない考え方や感じ方。
03（ 越権 ）	自分に属する権限をこえて事をなすこと。 他例 卓越（たくえつ）・超越（ちょうえつ）
04（ 同僚 ）	同じ勤め先で働いている人。
05（ 炎症 ）	体の組織が発熱・はれ・痛みなどを起こした状態。
06（ 隔 ）	隔たり＝へだたること。また、その度合い。
07（ 暁 ）	念願の事柄が実現した時。
08（ 渦巻 ）	渦巻く＝激しく入り乱れる。
09（ 釣 ）	釣り＝糸とつり針を使って魚を捕ること。
10（ 且 ）	且つ＝その上に。さらに。

でる度
★★★

書き取り⑬

次の――線のカタカナを漢字に直せ。

□ **01** 実験のため細胞をバイヨウする。(　　　)

□ **02** 年間の売り上げをルイケイした。(　　　)

□ **03** 成績不振でカントクが交替する。(　　　)

□ **04** 試合で守備の弱点がロテイする。(　　　)

□ **05** ライヒンの一人が祝辞を述べる。(　　　)

□ **06** 街のカタスミでひっそり暮らす。(　　　)

□ **07** 寒さにエリモトをかき合わせる。(　　　)

□ **08** 走ってのどがカワいた。(　　　)

□ **09** 入りエに船が停泊している。(　　　)

□ **10** 畑のウネに野菜の種をまく。(　　　)

合格点 7/10　得点 /10

でる度 ★★★ / ★★ / ★

解答	解説
01（ 培養 ）	微生物・動植物の組織などを、生育・増殖させること。
02（ 累計 ）	各小計を合わせて、合計を出すこと。
03（ 監督 ）	全体の指揮・管理などにあたること。また、その人。
04（ 露呈 ）	隠れていたものがあらわになること。
05（ 来賓 ）	式や会合に、主催者から招待された客。
06（ 片隅 ）	中心から離れた目立たないところ。
07（ 襟元 ）	衣服のえりの辺りのこと。
08（ 渇 ）	渇く＝のどがからからになって、水分が欲しくなる。
09（ 江 ）	入り江＝海、湖が陸地に入り込んだところ。「入江」ともかく。
10（ 畝 ）	畑に作物を植えるため、間隔を開けて土を細長く盛り上げたもの。

でる度 ★★★

書き取り⑭

次の——線のカタカナを漢字に直せ。

□ **01** 彼は本当にユカイな人物だ。（　　）

□ **02** 物理学の全分野をモウラした本。（　　）

□ **03** オウシュウ三カ国を旅する計画。（　　）

□ **04** 人にモウジュウしてはいけない。（　　）

□ **05** ゴウカな客船でパーティーを開く。（　　）

□ **06** 城のホリを小舟で渡る。（　　）

□ **07** ドロナワ式の勉強で試験に挑む。（　　）

□ **08** 週末に新築のムネアげがある。（　　）

□ **09** 入り口のトビラを閉める。（　　）

□ **10** アマガサの忘れ物が多い。（　　）

合格点	得点
7/10	/10

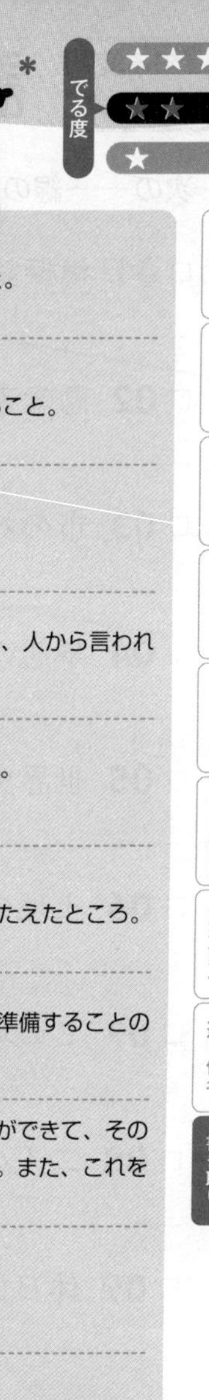

	解答	解説
01	（ 愉快 ）	楽しくてこころよいこと。
02	（ 網羅 ）	残らず集めてとり入れること。
03	（ 欧州 ）	ヨーロッパのこと。 他例 欧米（おうべい）
04	（ 盲従 ）	自分で判断することなく、人から言われるままにしたがうこと。
05	（ 豪華 ）	ぜいたくで、はでなこと。 他例 繁華街（はんかがい）
06	（ 堀 ）	城の周囲を掘って水をたたえたところ。
07	（ 泥縄 ）	事が起こってから慌てて準備することのたとえ。
08	（ 棟上 ）	棟上げ＝建築物の骨組みができて、その上にむな木を上げること。また、これを祝う儀式。
09	（ 扉 ）	開き戸の戸のこと。
10	（ 雨傘 ）	雨降りの時にさすかさ。

でる度 ★★★

読み 1

次の——線の漢字の読みをひらがなで記せ。

□ 01 模擬試験では良い点数が取れた。（　　）

□ 02 懸案事項から検討しよう。（　　）

□ 03 市の対応に人々が憤慨した。（　　）

□ 04 事態の収拾を迅速に行う。（　　）

□ 05 世界史を履修する。（　　）

□ 06 土地の権利を譲渡する。（　　）

□ 07 この場所に軍隊が駐屯した。（　　）

□ 08 二人の間の溝がなくなった。（　　）

□ 09 休日は専ら読書をして過ごす。（　　）

□ 10 弔いの席で失礼のないようにする。（　　）

合格点	得点
7/10	/10

解答 / **解説**

01 （ もぎ ）
模擬試験＝本物に似せて作った試験。
他例 擬態・擬似・擬音

02 （ けんあん ）
問題とされながら、まだ解決がつかないでいる事柄。
他例 懸命・懸賞

03 （ ふんがい ）
ひどく腹を立てること。
他例 憤激・憤然・発憤

04 （ じんそく ）
たいへん速いさま。

05 （ りしゅう ）
学業の課程を学び修めること。
他例 履行・履歴

06 （ じょうと ）
権利・財産などを、他人にゆずりわたすこと。
他例 割譲・禅譲

07 （ ちゅうとん ）
軍隊がある場所にとどまること。

08 （ みぞ ）
人間関係における感情的なへだたり。

09 （ もっぱ ）
専ら＝ひたすら。

10 （ とむら ）
弔い＝人の死を悲しみ悼むこと。くやみ。

でる度 ★★★

読み ②

次の——線の漢字の読みをひらがなで記せ。

□ **01** 陶器の花瓶を玄関に飾る。（　　）

□ **02** 外科に通って治療する。（　　）

□ **03** 解剖して詳しい死因を調べる。（　　）

□ **04** 新郎新婦は内裏びなのようだ。（　　）

□ **05** 年末は業務が煩忙な時期だ。（　　）

□ **06** 我が国も条約を批准した。（　　）

□ **07** 多くの艦艇が停泊する。（　　）

□ **08** あえて難関大学に挑む。（　　）

□ **09** 春の宵の趣が好きだ。（　　）

□ **10** 屋上から町を眺める。（　　）

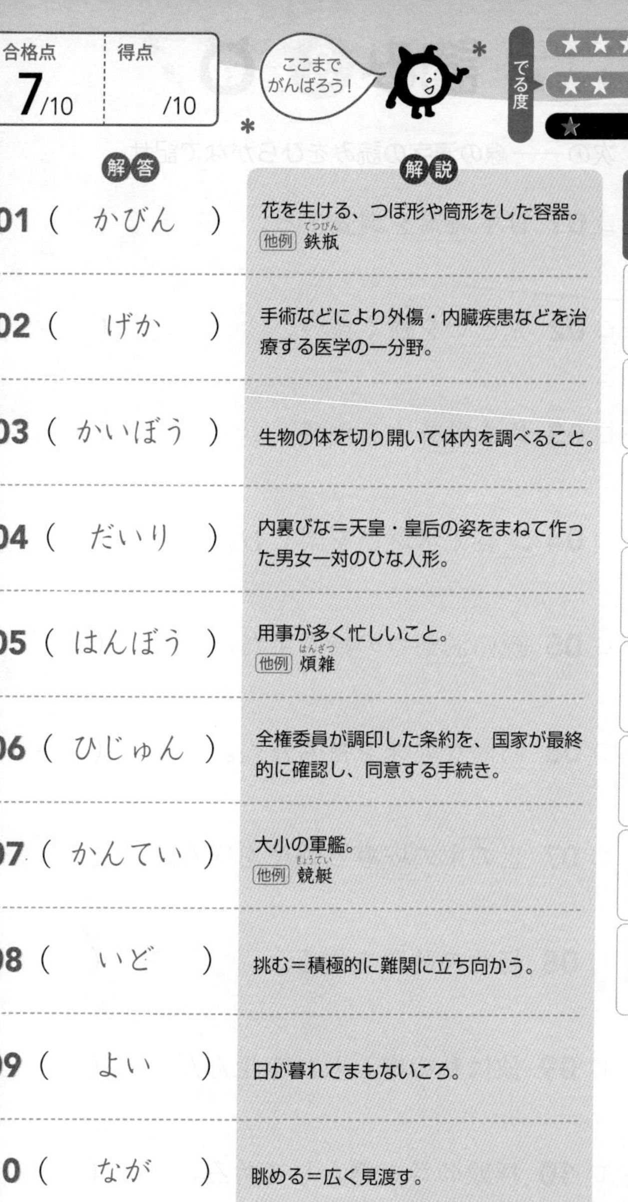

解答 / 解説

01（ かびん ） 花を生ける、つぼ形や筒形をした容器。
他例 鉄瓶（てつびん）

02（ げか ） 手術などにより外傷・内臓疾患などを治療する医学の一分野。

03（ かいぼう ） 生物の体を切り開いて体内を調べること。

04（ だいり ） 内裏びな＝天皇・皇后の姿をまねて作った男女一対のひな人形。

05（ はんぼう ） 用事が多く忙しいこと。
他例 煩雑（はんざつ）

06（ ひじゅん ） 全権委員が調印した条約を、国家が最終的に確認し、同意する手続き。

07（ かんてい ） 大小の軍艦。
他例 競艇（きょうてい）

08（ いど ） 挑む＝積極的に難関に立ち向かう。

09（ よい ） 日が暮れてまもないころ。

10（ なが ） 眺める＝広く見渡す。

でる度 ★★★

読み ③

次の——線の漢字の読みをひらがなで記せ。

□ **01** 日本海溝を調査する。　（　　　）

□ **02** 克己心を強く持つ。　（　　　）

□ **03** 岩を粉砕する機械。　（　　　）

□ **04** 渓谷で水遊びを楽しむ。　（　　　）

□ **05** 鋭い洞察力の持ち主だ。　（　　　）

□ **06** 高尚な趣味を持ちたい。　（　　　）

□ **07** 世の中の安寧と秩序を守る。　（　　　）

□ **08** 好物の酢豚を作る。　（　　　）

□ **09** 彼は私の申し入れを拒んだ。　（　　　）

□ **10** 拝殿の鈴を鳴らして祈る。　（　　　）

解答　解説

01（かいこう）
海底の深くくぼんだところ。
他例 下水溝（げすいこう）

02（こっきしん）
自分の欲望や衝動にうちかつ心。
他例 知己（ちき）

03（ふんさい）
こなごなに砕くこと。
他例 砕石（さいせき）

04（けいこく）
水の流れている深い谷。
他例 渓流（けいりゅう）

05（どうさつ）
見抜くこと。見通すこと。
他例 空洞（くうどう）

06（こうしょう）
知的で程度が高く上品なようす。
他例 尚早（しょうそう）

07（あんねい）
世の中が穏やかなこと。
他例 丁寧（ていねい）

08（すぶた）
中華料理の一つ。
他例 甘酢（あまず）

09（こば）
拒む＝要求や申し出などを断る。

10（すず）
金属製・陶製などの中空の球の中に玉・石などを入れて振り鳴らすもの。

でる度 ★★★

読み ④

次の――線の漢字の読みをひらがなで記せ。

□ **01** 祖母は紡績工場で働いていた。（　　　）

□ **02** 犬猿の仲とは知らなかった。（　　　）

□ **03** 皆が一斉に出口の方に殺到した。（　　　）

□ **04** 新型エンジンを搭載した車だ。（　　　）

□ **05** 話も聞かずに拒否された。（　　　）

□ **06** 互いに信頼感が醸成された。（　　　）

□ **07** 広い邸内を捜し回る。（　　　）

□ **08** 目隠しをして視界を遮る。（　　　）

□ **09** 植木鉢に軟らかい土を入れる。（　　　）

□ **10** 縁起を担いで繭玉を飾った。（　　　）

合格点	得点
7/10	/10

ここまでがんばろう！

でる度 ★★★ ★★ ★

解答 / 解説

01 （ぼうせき）
糸をつむぐこと。
他例 混紡（こんぼう）

02 （けんえん）
犬猿（けんえん）の仲（なか）＝非常に仲の悪い間柄。
他例 猿人（えんじん）・類人猿（るいじんえん）

03 （いっせい）
一斉に＝そろって同時に。
他例 斉唱（せいしょう）

04 （とうさい）
機器などに、ある装備や機能を組み込むこと。
他例 搭乗（とうじょう）

05 （きょひ）
要求や申し出などを断ること。
他例 拒絶（きょぜつ）

06 （じょうせい）
（雰囲気などを）引き起こすこと。かもし出すこと。
他例 醸造（じょうぞう）・吟醸（ぎんじょう）

07 （ていない）
屋敷の中。
他例 別邸（べってい）・邸宅（ていたく）・豪邸（ごうてい）

08 （さえぎ）
遮る＝間に物を置いて向こうが見えないようにする。

09 （やわ）
軟らかい＝ぐにゃぐにゃしていて手ごたえがない。

10 （まゆだま）
柳の枝などに、繭の形にまるめたもちや千両箱・大福帳など縁起物の模型をつけた正月の飾り物。

でる度 ★★★

読み 5

次の——線の漢字の読みをひらがなで記せ。

□ 01 下肢が発達している動物。（　　）

□ 02 その質問は事件の核心を突いた。（　　）

□ 03 源氏物語の抄訳が出版される。（　　）

□ 04 管弦楽団の公演を聴く。（　　）

□ 05 強い者を崇拝したがる人が多い。（　　）

□ 06 昨日の晩は一睡もできなかった。（　　）

□ 07 故郷で懐古の情に浸る。（　　）

□ 08 過ちを犯したので謝罪した。（　　）

□ 09 メロンが熟れて今が食べごろだ。（　　）

□ 10 日程と費用を併せて考える。（　　）

合格点	得点
7/10	/10

ここまでがんばろう！

でる度 ★

解答 / 解説

01 （ かし ）
足。また、動物のうしろ足。
他例 肢体（したい）・四肢（しし）

02 （ かくしん ）
物事の中心となるだいじな部分。
他例 結核（けっかく）・中核（ちゅうかく）

03 （ しょうやく ）
原文の一部を翻訳すること。
他例 抄本（しょうほん）・抄録（しょうろく）

04 （ かんげん ）
管楽器と弦楽器。
他例 下弦（かげん）・上弦（じょうげん）

05 （ すうはい ）
心から尊び敬うこと。
他例 崇高（すうこう）・崇敬（すうけい）

06 （ いっすい ）
ひと眠り。ちょっと眠ること。
他例 睡魔（すいま）・熟睡（じゅくすい）・睡眠（すいみん）

07 （ かいこ ）
昔のことを思いなつかしむこと。
他例 懐石（かいせき）・懐柔（かいじゅう）・述懐（じゅっかい）

08 （ おか ）
犯す＝道徳・法律・規則などに反した行為をする。

09 （ う ）
熟れる＝果実や穀物などが十分みのる。

10 （ あわ ）
併せる＝二つ以上の物をまとめて一つの物にする。

でる度
★★★

読み⑥

次の——線の漢字の読みをひらがなで記せ。

□ 01 学生寮の規則はとても厳しい。（　　　）

□ 02 会場が華やいだ雰囲気になる。（　　　）

□ 03 遺憾ながら欠席いたします。（　　　）

□ 04 集合して適宜食事をして下さい。（　　　）

□ 05 麻酔は危険を伴う場合がある。（　　　）

□ 06 戦後に堕落論を書いた作家。（　　　）

□ 07 紳士と淑女が集うパーティー。（　　　）

□ 08 準備に多大な労力を費やした。（　　　）

□ 09 雨の日に長靴を履いて出かける。（　　　）

□ 10 岬の灯台は船の安全を守る。（　　　）

合格点	得点
7/10	/10

ここまでがんばろう！

解答 / 解説

01 （ りょう ）
寄宿舎。共同宿舎。
他例 入寮（にゅうりょう）・寮母（りょうぼ）・寮生（りょうせい）

02 （ ふんいき ）
その場のかもし出している感じ。ムード。

03 （ いかん ）
不本意であること。残念であること。

04 （ てきぎ ）
その場、その場で自由に行動すること。
他例 時宜（じぎ）

05 （ ますい ）
薬で一時的に体の一部や全身をまひさせること。
他例 麻薬（まやく）

06 （ だらく ）
身をもちくずすこと。

07 （しゅくじょ）
しとやかで品位の高い女性。
他例 私淑（ししゅく）

08 （ つい ）
費やす＝消費する。使ってなくす。

09 （ は ）
履く＝はきものを足につける。

10 （ みさき ）
海・湖に突き出ている陸地の先端。

でる度
★★★

読み ⑦

次の——線の漢字の読みをひらがなで記せ。

□ 01 魚を水槽に入れる。（　　）

□ 02 夕日が沈む風景に哀愁を感じる。（　　）

□ 03 血眼になって犯人を捜した。（　　）

□ 04 あの人には絶対に内緒の話です。（　　）

□ 05 研磨機でレンズをみがく。（　　）

□ 06 お中元にこの品を推奨する。（　　）

□ 07 会社の同僚と山登りに行った。（　　）

□ 08 髪をそって尼になる。（　　）

□ 09 閑却できない問題だ。（　　）

□ 10 誓約書に但し書きを添付する。（　　）

解答	解説
01 (すいそう)	水をためておく容器。 他例 浴槽(よくそう)
02 (あいしゅう)	寂しくもの悲しい気持ち。 他例 哀悼(あいとう)
03 (ちまなこ)	他のすべてを忘れて一つの事に熱中すること。
04 (ないしょ)	秘密にしておくこと。 他例 一緒(いっしょ)
05 (けんま)	刃物・レンズ・宝石などをとぎみがくこと。 他例 磨耗(まもう)・錬磨(れんま)
06 (すいしょう)	物や人のすぐれた点をほめて、人にすすめること。 他例 勧奨(かんしょう)・奨励(しょうれい)
07 (どうりょう)	同じ勤め先で働いている人。 他例 閣僚(かくりょう)・官僚(かんりょう)
08 (あま)	仏門に入った女性のこと。
09 (かんきゃく)	なおざりにすること。 他例 償却(しょうきゃく)・忘却(ぼうきゃく)
10 (ただ)	但(ただ)し書(が)き＝本文の説明・例外・条件などを書き添えること。また、その文。

でる度 ★★★

読み 8

次の――線の漢字の読みをひらがなで記せ。

□ 01 飢餓に苦しむ国は多く存在する。(　　　)

□ 02 私の故郷は酪農が特に盛んだ。(　　　)

□ 03 閣議で役人の更迭を決める。(　　　)

□ 04 手続きには戸籍謄本が必要だ。(　　　)

□ 05 小型船舶免許を取得したい。(　　　)

□ 06 役所へ行って婚姻届を提出する。(　　　)

□ 07 心の琴線に触れる美しい音楽。(　　　)

□ 08 骨肉の醜いもめ事に手を焼く。(　　　)

□ 09 局地的に竜巻が発生した。(　　　)

□ 10 吉日に棟上げ式をする。(　　　)

合格点 7/10 | 得点 /10

でる度 ★★★ ★★ ★

解答	解説
01 (きが)	食べ物がなく飢えること。
02 (らくのう)	牛や羊などを飼って搾乳や乳製品をつくる農業のこと。
03 (こうてつ)	ある地位・役目の人を代えること。
04 (とうほん)	原本の内容をそのまま全部写しとった文書。
05 (せんぱく)	船のこと。
06 (こんいん)	法律上の手続きを取って結婚すること。
07 (きんせん)	心の奥深くにある、物事に感動・共鳴しやすい感情。 他例 木琴(もっきん)
08 (みにく)	醜い＝行為や態度が見苦しい。
09 (たつまき)	気圧の急変で発生する局所的な激しい旋風。
10 (むねあ)	棟上げ＝建築物の骨組みができて、その上に棟木を上げること。また、これを祝う儀式。

でる度 ★★★

読み 9

次の——線の漢字の読みをひらがなで記せ。

□ **01** 雑誌の定期購読を申し込む。 (　　　)

□ **02** 生涯をかけて取り組む。 (　　　)

□ **03** 伯爵に会釈をしてすれ違う。 (　　　)

□ **04** 寺院の周囲は塀に囲まれている。(　　　)

□ **05** 報酬をもらわず手伝った。 (　　　)

□ **06** 学歴を詐称していた候補者。 (　　　)

□ **07** 艦長の号令で出航する。 (　　　)

□ **08** この服は靴と釣り合わない。 (　　　)

□ **09** 茎を根元から切る。 (　　　)

□ **10** げたの鼻緒をすげかえる。 (　　　)

合格点	得点
7/10	/10

解答 / 解説

01（こうどく）
書籍や雑誌などを買って読むこと。
他例 購買（こうばい）

02（しょうがい）
この世に生きている間。
他例 境涯（きょうがい）

03（はくしゃく）
もと五等爵（身分階級）の第三位。子爵の上。侯爵の下。
他例 伯仲（はくちゅう）

04（へい）
住宅・宅地などの境界とする囲い。
他例 土塀（どべい）

05（ほうしゅう）
労働などの対価としての金銭・物品。
他例 応酬（おうしゅう）

06（さしょう）
身分・氏名などを偽って言うこと。
他例 詐欺（さぎ）

07（かんちょう）
軍艦の乗務員の長。
他例 艦艇（かんてい）

08（つ）
釣（つ）り合（あ）う＝よく調和する。似合う。

09（くき）
植物体を支え、根と葉とを連絡する器官。
他例 歯茎（はぐき）

10（はなお）
げたやぞうりの足の指をかけるひも。

でる度 ★★★

読み ⑩

次の――線の漢字の読みをひらがなで記せ。

□ 01 理性と感情が相克する。（　　　）

□ 02 恩師の言葉に感泣する。（　　　）

□ 03 箱に緩衝材をつめて荷造りする。（　　　）

□ 04 フィンランドには湖沼が多い。（　　　）

□ 05 幾何学模様のスカートをはく。（　　　）

□ 06 全国に鉄道を敷設する。（　　　）

□ 07 渓流の美しい景色を眺める。（　　　）

□ 08 ピアノを競りに出す。（　　　）

□ 09 口幅ったいことを言うようですが。（　　　）

□ 10 チーム一丸となり初陣を飾った。（　　　）

合格点 7/10 得点 /10

ここまでがんばろう！

でる度 ★★★ ★★ ★

解答 解説

	解答	解説
01	（そうこく）	対立するものが互いに相手に勝とうと争うこと。
02	（かんきゅう）	感激のあまりに泣くこと。
03	（かんしょう）	二つのものの間に立って、不和・衝突を和らげること。
04	（こしょう）	湖や沼。
05	（きかがく）	幾何学模様（きかがくもよう）＝直線や曲線を基本とした抽象的な模様。
06	（ふせつ）	線路や下水道などを広く設置すること。
07	（けいりゅう）	山にはさまれた、川の流れのこと。
08	（せ）	競り＝多くの買い手に値段をつけさせ、最も高い値段をつけた人に売る方法。
09	（くちはば）	口幅ったい＝言うことが身の程を知らず、生意気である。
10	（ういじん）	初めて戦いや試合に出ること。 他例 初々（ういうい）しい

でる度
★★★

部首 1

次の漢字の部首を記せ。

□ 01　徹（　　　）

□ 02　旋（　　　）

□ 03　扉（　　　）

□ 04　翻（　　　）

□ 05　衝（　　　）

□ 06　革（　　　）

□ 07　軟（　　　）

□ 08　邸（　　　）

□ 09　丹（　　　）

□ 10　克（　　　）

合格点	得点
7/10	/10

解答 / **解説**

01 （ 彳 ）
ぎょうにんべん
他例 循・徐・御・征・徴

02 （ 方 ）
ほうへん・かたへん
他例 施・旗・族・旅

03 （ 戸 ）
とだれ・とかんむり
他例 出題範囲では、扉・戻・房・扇のみ。

04 （ 羽 ）
はね
他例 翁・翼・翌・習・羽

05 （ 行 ）
ぎょうがまえ・ゆきがまえ
他例 衡・衛・術・街
注意 彳（ぎょうにんべん）ではない。

06 （ 革 ）
かくのかわ・つくりがわ
他例 出題範囲では、革のみ。

07 （ 車 ）
くるまへん
他例 轄・軌・軸・較・軒

08 （ 阝 ）
おおざと
他例 郭・郊・邪・邦・郎

09 （ 丶 ）
てん
他例 出題範囲では、丹・主・丸のみ。

10 （ 儿 ）
ひとあし・にんにょう
他例 充・免・党・児・兆

でる度
★★★

部首②

次の漢字の部首を記せ。

□ 01　再（　　　）

□ 02　唇（　　　）

□ 03　募（　　　）

□ 04　叔（　　　）

□ 05　既（　　　）

□ 06　虐（　　　）

□ 07　宜（　　　）

□ 08　玄（　　　）

□ 09　致（　　　）

□ 10　豪（　　　）

合格点 7/10　得点 /10

解答	解説
01（冂）	どうがまえ・けいがまえ・まきがまえ 他例 出題範囲では、再・冊・円のみ。 注意 一（いち）ではない。
02（口）	くち 他例 呉・嗣・喪・呈・哀 注意 辰（しんのたつ）ではない。
03（力）	ちから 他例 劾・勲・勅・勘・励 注意 艹（くさかんむり）ではない。
04（又）	また 他例 叙・双・又・及・収
05（旡）	なし・ぶ・すでのつくり 他例 出題範囲では、既のみ。
06（虍）	とらがしら・とらかんむり 他例 出題範囲では、虐・虞・虜・虚のみ。
07（宀）	うかんむり 他例 寡・寛・宵・寧・寮
08（玄）	げん 他例 出題範囲では、玄・率のみ。
09（至）	いたる 他例 出題範囲では、致・至のみ。
10（豕）	ぶた・いのこ 他例 出題範囲では、豪・豚・象のみ。 注意 亠（なべぶた・けいさんかんむり）ではない。

でる度
★★★

部首③

次の漢字の部首を記せ。

□ 01 麗（　　　　）

□ 02 酌（　　　　）

□ 03 扉（　　　　）

□ 04 遮（　　　　）

□ 05 魔（　　　　）

□ 06 凸（　　　　）

□ 07 釈（　　　　）

□ 08 卵（　　　　）

□ 09 吏（　　　　）

□ 10 甲（　　　　）

合格点 7/10 ｜ 得点 /10

解答	解説
01 （ 鹿 ）	しか 他例 出題範囲では、麗・鹿のみ。
02 （ 酉 ）	とりへん 他例 酷・酢・酬・醜・醸
03 （ 隹 ）	ふるとり 他例 隻・雅・雌・雄・離
04 （ 辶 ）	しんにょう・しんにゅう 他例 逸・還・迅・逝・遷
05 （ 鬼 ）	おに 他例 出題範囲では、魔・魂・鬼のみ。
06 （ 凵 ）	うけばこ 他例 出題範囲では、凸・凹・凶・出のみ。
07 （ 釆 ）	のごめへん 他例 出題範囲では、釈のみ。
08 （ 卩 ）	わりふ・ふしづくり 他例 卸・却・即・印 注意 丶（てん）ではない。
09 （ 口 ）	くち 他例 吉・啓・哲・含・召
10 （ 田 ）	た 他例 畝・畜・畳・異・留

でる度 ★★★

部首 ④

次の漢字の部首を記せ。

- □ 01 朱（　　　）
- □ 02 奨（　　　）
- □ 03 碁（　　　）
- □ 04 宰（　　　）
- □ 05 秀（　　　）
- □ 06 匠（　　　）
- □ 07 頑（　　　）
- □ 08 欧（　　　）
- □ 09 殿（　　　）
- □ 10 甘（　　　）

解答 / 解説

01 （ 木 ） き
他例 栽・架・棄・桑・某

02 （ 大 ） だい
他例 奏・奮・失・夫・央

03 （ 石 ） いし
他例 出題範囲では、碁・磨・石のみ。

04 （ 宀 ） うかんむり
他例 宴・審・寂・寝・宇

05 （ 禾 ） のぎ
他例 出題範囲では、秀のみ。

06 （ 匚 ） はこがまえ
他例 出題範囲では、匠のみ。

07 （ 頁 ） おおがい
他例 頂・預・額・領・願

08 （ 欠 ） あくび・かける
他例 款・欺・歓・欲・欠

09 （ 殳 ） るまた・ほこづくり
他例 殻・殴・段・殺

10 （ 甘 ） かん・あまい
他例 出題範囲では、甘・甚のみ。

でる度
★★★

熟語の構成 1

熟語の構成のしかたには次のようなものがある。

ア 同じような意味の漢字を重ねたもの（**身体**）
イ 反対または対応の意味を表す字を重ねたもの（**長短**）
ウ 上の字が下の字を修飾しているもの（**会員**）
エ 下の字が上の字の目的語・補語になっているもの（**着火**）
オ 上の字が下の字の意味を打ち消しているもの（**非常**）

次の熟語は、上のどれにあたるか、記号で記せ。

□ **01** 開廷（　　）

□ **02** 起伏（　　）

□ **03** 渉外（　　）

□ **04** 充満（　　）

□ **05** 叙勲（　　）

□ **06** 早晩（　　）

□ **07** 献杯（　　）

□ **08** 漆黒（　　）

□ **09** 直轄（　　）

□ **10** 喪失（　　）

よく考えてみよう!

解答		解説
01	（ エ ）	開廷（かいてい） 「開く ← 法廷を」と解釈。
02	（ イ ）	起伏（きふく） 「高くなる」⇔「低くなる」と解釈。
03	（ エ ）	渉外（しょうがい） 「交渉する ← 外部と」と解釈。
04	（ ア ）	充満（じゅうまん） どちらも「みちる」の意。
05	（ エ ）	叙勲（じょくん） 「さずける ← 勲章を」と解釈。
06	（ イ ）	早晩（そうばん） 「はやい」⇔「おそい」と解釈。
07	（ エ ）	献杯（けんぱい） 「ささげる ← 杯を」と解釈。
08	（ ウ ）	漆黒（しっこく） 「漆のような → 黒」と解釈。
09	（ ウ ）	直轄（ちょっかつ） 「直接 → 管理する」と解釈。
10	（ ア ）	喪失（そうしつ） どちらも「うしなう」の意。

でる度 ★★★

熟語の構成 ②

熟語の構成のしかたには次のようなものがある。

ア 同じような意味の漢字を重ねたもの（**身体**）
イ 反対または対応の意味を表す字を重ねたもの（**長短**）
ウ 上の字が下の字を修飾しているもの（**会員**）
エ 下の字が上の字の目的語・補語になっているもの（**着火**）
オ 上の字が下の字の意味を打ち消しているもの（**非常**）

次の熟語は、上のどれにあたるか、記号で記せ。

□ **01** 未踏（　　）

□ **02** 寡少（　　）

□ **03** 繊毛（　　）

□ **04** 謙譲（　　）

□ **05** 屈伸（　　）

□ **06** 奨学（　　）

□ **07** 精粗（　　）

□ **08** 把握（　　）

□ **09** 懇談（　　）

□ **10** 収賄（　　）

解答	解説
01 （ オ ）	未踏（みとう） 「まだ踏み入れていない」と解釈。
02 （ ア ）	寡少（かしょう） どちらも「すくない」の意。
03 （ ウ ）	繊毛（せんもう） 「非常に細い → 毛」と解釈。
04 （ ア ）	謙譲（けんじょう） どちらも「へりくだる」の意。
05 （ イ ）	屈伸（くっしん） 「まげる」⟷「伸ばす」と解釈。
06 （ エ ）	奨学（しょうがく） 「助けはげます ← 学びを」と解釈。
07 （ イ ）	精粗（せいそ） 「こまかい」⟷「あらい」と解釈。
08 （ ア ）	把握（はあく） どちらも「つかむ」の意。
09 （ ウ ）	懇談（こんだん） 「打ち解けて → 話し合う」と解釈。
10 （ エ ）	収賄（しゅうわい） 「受け取る ← わいろを」と解釈。

でる度 ★★★

熟語の構成 ③

熟語の構成のしかたには次のようなものがある。

ア 同じような意味の漢字を重ねたもの（**身体**）
イ 反対または対応の意味を表す字を重ねたもの（**長短**）
ウ 上の字が下の字を修飾しているもの（**会員**）
エ 下の字が上の字の目的語・補語になっているもの（**着火**）
オ 上の字が下の字の意味を打ち消しているもの（**非常**）

次の熟語は、上のどれにあたるか、記号で記せ。

□ **01** 贈答（　　）

□ **02** 紛糾（　　）

□ **03** 座礁（　　）

□ **04** 殉難（　　）

□ **05** 塑像（　　）

□ **06** 抗菌（　　）

□ **07** 不浄（　　）

□ **08** 逓減（　　）

□ **09** 隠顕（　　）

□ **10** 遵法（　　）

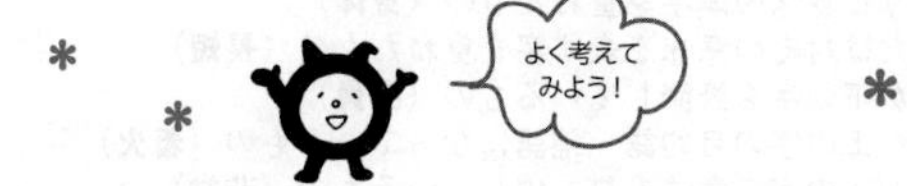

解答 | 解説

	解答	解説
01	（ イ ）	贈答（ぞうとう）「おくる」↔「かえす」と解釈。
02	（ ア ）	紛糾（ふんきゅう）どちらも「もつれる」の意。
03	（ エ ）	座礁（ざしょう）「乗り上げる ← 暗礁に」と解釈。
04	（ エ ）	殉難（じゅんなん）「殉じる ← 困難のために」と解釈。
05	（ ウ ）	塑像（そぞう）「粘土でつくった → 像」と解釈。
06	（ エ ）	抗菌（こうきん）「防ぐ ← 菌を」と解釈。
07	（ オ ）	不浄（ふじょう）「清浄ではない」と解釈 。
08	（ ウ ）	逓減（ていげん）「しだいに → 減る」と解釈。
09	（ イ ）	隠顕（いんけん）「隠れる」↔「あらわれる」と解釈。
10	（ エ ）	遵法（じゅんぽう）「したがう ← 法に」と解釈。

でる度 ★★★

熟語の構成 4

熟語の構成のしかたには次のようなものがある。

ア 同じような意味の漢字を重ねたもの（**身体**） **イ** 反対または対応の意味を表す字を重ねたもの（**長短**） **ウ** 上の字が下の字を修飾しているもの（**会員**） **エ** 下の字が上の字の目的語・補語になっているもの（**着火**） **オ** 上の字が下の字の意味を打ち消しているもの（**非常**）

次の熟語は、上のどれにあたるか、記号で記せ。

□ **01** 打撲（　　）

□ **02** 未来（　　）

□ **03** 閲兵（　　）

□ **04** 酷使（　　）

□ **05** 弔辞（　　）

□ **06** 紡績（　　）

□ **07** 愛憎（　　）

□ **08** 随時（　　）

□ **09** 賠償（　　）

□ **10** 出没（　　）

解答 / 解説

	解答	解説
01	（ ア ）	打撲 どちらも「うちたたく」の意。
02	（ オ ）	未来 「まだ来ていない」と解釈。
03	（ エ ）	閲兵 「しらべる ← 兵を」と解釈。
04	（ ウ ）	酷使 「ひどく → 使う」と解釈。
05	（ ウ ）	弔辞 「弔う → ことば」と解釈。
06	（ ア ）	紡績 どちらも「糸をつむぐ」の意。
07	（ イ ）	愛憎 「愛する」↔「憎む」と解釈。
08	（ エ ）	随時 「したがう ← 時に」と解釈。
09	（ ア ）	賠償 どちらも「つぐなう」の意。
10	（ イ ）	出没 「出る」↔「隠れる」と解釈。

でる度
★★★

熟語の構成 5

熟語の構成のしかたには次のようなものがある。

ア 同じような意味の漢字を重ねたもの（**身体**）
イ 反対または対応の意味を表す字を重ねたもの（**長短**）
ウ 上の字が下の字を修飾しているもの（**会員**）
エ 下の字が上の字の目的語・補語になっているもの（**着火**）
オ 上の字が下の字の意味を打ち消しているもの（**非常**）

次の熟語は、上のどれにあたるか、記号で記せ。

□ **01** 長幼（　　）

□ **02** 頻繁（　　）

□ **03** 不惑（　　）

□ **04** 余剰（　　）

□ **05** 緩急（　　）

□ **06** 鎮魂（　　）

□ **07** 諾否（　　）

□ **08** 偏見（　　）

□ **09** 公邸（　　）

□ **10** 即位（　　）

解答	解説
01 （ イ ）	長幼（ちょうよう） 「年長者」↔「年少者」と解釈。
02 （ ア ）	頻繁（ひんぱん） どちらも「しきりに」の意。
03 （ オ ）	不惑（ふわく） 「惑わない」と解釈。
04 （ ア ）	余剰（よじょう） どちらも「あまり」の意。
05 （ イ ）	緩急（かんきゅう） 「のろい」↔「はやい」と解釈。
06 （ エ ）	鎮魂（ちんこん） 「鎮める←魂を」と解釈。
07 （ イ ）	諾否（だくひ） 「承知」↔「拒否」と解釈。
08 （ ウ ）	偏見（へんけん） 「偏った→見解」と解釈。
09 （ ウ ）	公邸（こうてい） 「公務用の→邸宅」と解釈。
10 （ エ ）	即位（そくい） 「つく←位に」と解釈。

でる度 ★★★

四字熟語 1

次の四字熟語の（　）に入る適切な語を右の□の中から選び、漢字一字で記せ。

□ 01 疑心暗（　）

□ 02 熟（　）断行

□ 03 気（　）壮大

□ 04 朝令（　）改

□ 05 時節（　）来

□ 06 昼夜（　）行

□ 07 支（　）滅裂

□ 08 （　）田引水

□ 09 意志（　）弱

□ 10 一日千（　）

う
が
き
けん
しゅう
とう
はく
ぼ
り
りょ

合格点	得点
7/10	/10

ここまでがんばろう！

解答	解説
01 疑心暗（鬼）（ぎしんあん（き））	何事も不安に思い信じられなくなること。
02 熟（慮）断行（じゅく（りょ）だんこう）	十分に考えて思いきって行うこと。
03 気（宇）壮大（き（う）そうだい）	心意気がよく度量の広いこと。構想などが大きく立派であること。
04 朝令（暮）改（ちょうれい（ぼ）かい）	命令がたびたび変わり、あてにならないこと。
05 時節（到）来（じせつ（とう）らい）	よい機会が訪れること。
06 昼夜（兼）行（ちゅうや（けん）こう）	昼も夜も休まず続けること。
07 支（離）滅裂（し（り）めつれつ）	ばらばらで物事の筋道の立たないさま。
08 （我）田引水（（が）でんいんすい）	自分の都合のよいように言ったり、とりはからったりすること。
09 意志（薄）弱（いし（はく）じゃく）	自分の明確な意志を持っていないさま。
10 一日千（秋）（いちじつせん（しゅう））	1日が非常に長く感じられること。待ちこがれる気持ちが著しく強いこと。

でる度
★★★

四字熟語 ②

次の四字熟語の（　）に入る適切な語を
右の□の中から選び、漢字一字で記せ。

□ 01 悪戦苦（　）

□ 02 悠悠自（　）

□ 03 思（　）分別

□ 04 安寧秩（　）

□ 05（　）励努力

□ 06 喜（　）哀楽

□ 07（　）志弱行

□ 08 前（　）多難

□ 09 人（　）未踏

□ 10 堅忍不（　）

じょ せき てき と ど とう はく ばつ ふん りょ

合格点	得点
7/10	/10

解答	解説
01 悪戦苦（闘）（あくせんくとう）	苦しい戦い・状況の中で必死になっているさま。
02 悠悠自（適）（ゆうゆうじてき）	俗世間を退いてのんびりと心静かに、思うままに日々を過ごすこと。
03 思（慮）分別（しりょふんべつ）	注意深く考えて常識的に判断すること。
04 安寧秩（序）（あんねいちつじょ）	世の中が安全で不安がなく、物事の道理が保たれた状態。
05 （奮）励努力（ふんれいどりょく）	元気を出して一心に努め励むこと。
06 喜（怒）哀楽（きどあいらく）	人のさまざまな感情のこと。
07 （薄）志弱行（はくしじゃっこう）	何かを成そうとする気持ちが弱く、決断力や実行力が乏しいこと。
08 前（途）多難（ぜんとたなん）	行く先々に多くの困難などがあること。
09 人（跡）未踏（じんせきみとう）	まだだれも人が足を踏み入れたことがないこと。
10 堅忍不（抜）（けんにんふばつ）	堅く堪え忍んで心を変えないこと。 他例「堅」が出題されることもある。

でる度 ★★★

四字熟語 ③

次の四字熟語の（　）に入る適切な語を右の□の中から選び、漢字一字で記せ。

□ 01 力戦奮（　）

□ 02 傍（　）無人

□ 03 主（　）転倒

□ 04 喜色（　）面

□ 05 金城鉄（　）

□ 06 要害（　）固

□ 07 （　）機応変

□ 08 鶏口（　）後

□ 09 粉（　）砕身

□ 10 禍（　）得喪

かく
ぎゅう
けん
こつ
じゃく
とう
ふく
ぺき
まん
りん

合格点	得点
7/10	/10

解答	解説
01 力戦奮（闘）（りきせん(りょくせん)ふんとう）	力を出し尽くして努力すること。
02 傍（若）無人（ぼうじゃくぶじん）	人目をはばからず思うとおり行動すること。「傍(かたわ)らに人無きが若(ごと)し」の意味から。
03 主（客）転倒（しゅかく(しゅきゃく)てんとう）	立場や順序などが逆転すること。 他例「倒」が出題されることもある。
04 喜色（満）面（きしょくまんめん）	喜びが顔全体に表れていること。 他例「喜」が出題されることもある。
05 金城鉄（壁）（きんじょうてっぺき）	物事が非常にかたく、付けこむすきがないこと。 注意 類義語は「金城湯池(きんじょうとうち)」＝守りがかたく侵害されにくい城のこと。
06 要害（堅）固（ようがいけんご）	地形が険しく、備えのかたいようす。
07 （臨）機応変（りんきおうへん）	その場の変化に応じて適切な手段をとること。
08 鶏口（牛）後（けいこうぎゅうご）	大きな集団の末端にいるより、小さな集団の長となって重んじられるほうがよいこと。
09 粉（骨）砕身（ふんこつさいしん）	ほね身を惜しまず力の限り努力すること。
10 禍（福）得喪（かふくとくそう）	幸せと不幸、得ることと失うこと。

でる度
★★★

四字熟語 4

次の四字熟語の（　）に入る適切な語を右の□の中から選び、漢字一字で記せ。

□ 01 百（　）錬磨

□ 02 用意周（　）

□ 03 泰然自（　）

□ 04 東奔西（　）

□ 05 質実剛（　）

□ 06 有（　）転変

□ 07 （　）非曲直

□ 08 （　）想天外

□ 09 換（　）奪胎

□ 10 天下泰（　）

い
き
けん
こつ
じゃく
ぜ
せん
そう
とう
へい

合格点 7/10 | 得点 /10

ここまでがんばろう！

でる度 ★

解答 / 解説

01 百（戦）錬磨（ひゃくせんれんま） 経験豊かで鍛えられていること。

02 用意周（到）（よういしゅうとう） 用意が抜かりなく行き届いているさま。

03 泰然自（若）（たいぜんじじゃく） 落ち着き払って物事に動じないさま。

04 東奔西（走）（とうほんせいそう） 四方八方を忙しくはしり回ること。

05 質実剛（健）（しつじつごうけん） 飾り気がなく、まじめで、強くてたくましいこと。

06 有（為）転変（ういてんぺん（べん・でん）） すべてのものが変化し、無常であること。

07 （是）非曲直（ぜひきょくちょく） 物事のよしあしのこと。

08 （奇）想天外（きそうてんがい） 思いもよらない変わったこと。

09 換（骨）奪胎（かんこつだったい） 他人の作品に手を加え自分のものとすること。

10 天下泰（平）（てんかたいへい） 国や世の中が治まり、穏やかなさま。

でる度★★★

四字熟語 5

次の四字熟語の（　）に入る適切な語を右の□の中から選び、漢字一字で記せ。

□ 01 （　）非善悪

□ 02 （　）知徹底

□ 03 本末転（　）

□ 04 勇（　）果敢

□ 05 前（　）有望

□ 06 附和（　）同

□ 07 初（　）貫徹

□ 08 金（　）湯池

□ 09 先憂後（　）

□ 10 優（　）不断

し
しゅう
じゅう
じょう
ぜ
と
とう
もう
らい
らく

合格点	得点
7/10	/10

でる度 ★★★ ★★ ★

解答 / 解説

解答	解説
01 （是）非善悪	物事のよしあしのこと。
02 （周）知徹底	すみずみまで十分に知らしめること。
03 本末転（倒）	大事なことと、つまらないことを逆にとらえたり扱ったりすること。
04 勇（猛）果敢	勇気があって強く、決断力に富んでいること。
05 前（途）有望	将来大いに望みや見こみのあること。
06 附和（雷）同	一定の主義・主張がなく、安易に他の説に賛成すること。 注意「付和雷同」とも書く。
07 初（志）貫徹	初めのこころざしを最後まで貫き通すこと。
08 金（城）湯池	守りに優れていて、他からの攻めに非常に強い城のこと。
09 先憂後（楽）	支配者はまず国を心配して、民がたのしんだあとにたのしむこと。
10 優（柔）不断	ぐずぐずして決断力に乏しいさま。

でる度
★★★

対義語・類義語 1

右の□の中の語を一度だけ使って漢字に直し、対義語・類義語を記せ。

対義語

□ 01 左遷 —（　　）

□ 02 寛容 —（　　）

□ 03 怠惰 —（　　）

□ 04 隆起 —（　　）

□ 05 閑散 —（　　）

類義語

□ 06 紛糾 —（　　）

□ 07 顕著 —（　　）

□ 08 憤慨 —（　　）

□ 09 猶予 —（　　）

□ 10 庶民 —（　　）

えいてん
えんき
きんべん
げきど
げんかく
こんらん
たいしゅう
たぼう
ちんこう
れきぜん

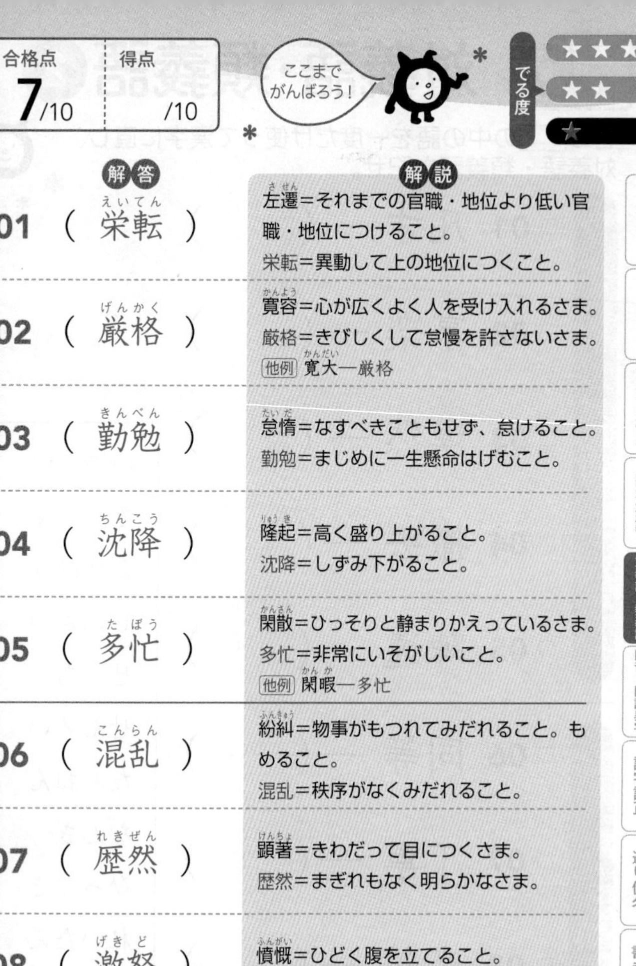

	解答	解説
01	（ 栄転（えいてん） ）	左遷（させん）＝それまでの官職・地位より低い官職・地位につけること。 栄転＝異動して上の地位につくこと。
02	（ 厳格（げんかく） ）	寛容（かんよう）＝心が広くよく人を受け入れるさま。 厳格＝きびしくして怠慢を許さないさま。 他例 寛大（かんだい）―厳格
03	（ 勤勉（きんべん） ）	怠惰（たいだ）＝なすべきこともせず、怠けること。 勤勉＝まじめに一生懸命はげむこと。
04	（ 沈降（ちんこう） ）	隆起（りゅうき）＝高く盛り上がること。 沈降＝しずみ下がること。
05	（ 多忙（たぼう） ）	閑散（かんさん）＝ひっそりと静まりかえっているさま。 多忙＝非常にいそがしいこと。 他例 閑暇（かんか）―多忙
06	（ 混乱（こんらん） ）	紛糾（ふんきゅう）＝物事がもつれてみだれること。もめること。 混乱＝秩序がなくみだれること。
07	（ 歴然（れきぜん） ）	顕著（けんちょ）＝きわだって目につくさま。 歴然＝まぎれもなく明らかなさま。
08	（ 激怒（げきど） ）	憤慨（ふんがい）＝ひどく腹を立てること。 激怒＝はげしく腹を立てること。
09	（ 延期（えんき） ）	猶予（ゆうよ）＝日時を先にのばすこと。 延期＝予定の日時や期限をのばすこと。
10	（ 大衆（たいしゅう） ）	庶民（しょみん）＝一般の人々。 大衆＝社会の大多数を占める一般の人々。

でる度
★★★

対義語・類義語 ②

右の□の中の語を一度だけ使って漢字に直し、対義語・類義語を記せ。

対義語

□ 01 凡才 ―（　　）

□ 02 享楽 ―（　　）

□ 03 漠然 ―（　　）

□ 04 撤去 ―（　　）

□ 05 疎遠 ―（　　）

類義語

□ 06 同等 ―（　　）

□ 07 丁寧 ―（　　）

□ 08 辛苦 ―（　　）

□ 09 薄情 ―（　　）

□ 10 大胆 ―（　　）

いつざい
きんよく
ごうほう
しんみつ
せっち
せんめい
たんねん
なんぎ
ひってき
れいたん

合格点	得点
7/10	/10

ここまでがんばろう！

でる度 ★

解答 / 解説

01 （ 逸材（いつざい） ）
凡才（ぼんさい）＝平凡な才能や、その人物。
逸材＝すぐれた才能や人物。

02 （ 禁欲（きんよく） ）
享楽（きょうらく）＝思うがまま快楽にふけること。
禁欲＝人間の持つ、ほしがる心をおさえること。

03 （ 鮮明（せんめい） ）
漠然（ばくぜん）＝ぼんやりとして、とりとめのないさま。
鮮明＝あざやかではっきりしているさま。

04 （ 設置（せっち） ）
撤去（てっきょ）＝建造物などを取り払うこと。
設置＝施設や機関などをもうけること。

05 （ 親密（しんみつ） ）
疎遠（そえん）＝ほとんど行き来・便りのないこと。
親密＝非常に仲のよいこと。

06 （ 匹敵（ひってき） ）
同等（どうとう）＝等級や価値が同じこと。
匹敵＝力や価値が同じくらいであること。

07 （ 丹念（たんねん） ）
丁寧（ていねい）＝すみずみまで配慮が行き届き、きめの細かいさま。
丹念＝細部まで注意を払うこと。入念にすること。

08 （ 難儀（なんぎ） ）
辛苦（しんく）＝つらく苦しいこと。
難儀＝苦しむこと。苦労すること。

09 （ 冷淡（れいたん） ）
薄情（はくじょう）＝人情に薄いこと。思いやりの気持ちがないこと。
冷淡＝物事に関心や興味を示さないこと。

10 （ 豪放（ごうほう） ）
大胆（だいたん）＝度胸があっておそれないこと。
豪放＝度量が大きく小事にこだわらないこと。

でる度 ★★★

対義語・類義語 ③

右の□の中の語を一度だけ使って漢字に直し、対義語・類義語を記せ。

対義語

□ 01 哀悼 —（　　）

□ 02 中庸 —（　　）

□ 03 消耗 —（　　）

□ 04 供述 —（　　）

□ 05 一括 —（　　）

類義語

□ 06 普遍 —（　　）

□ 07 激励 —（　　）

□ 08 抹消 —（　　）

□ 09 妥当 —（　　）

□ 10 駆逐 —（　　）

いっぱん
きょくたん
こぶ
しゅくが
じょきょ
ちくせき
ついほう
てきせつ
ぶんかつ
もくひ

合格点	得点
7/10	/10

	解答	解説
01	（ 祝賀（しゅくが） ）	哀悼（あいとう）＝死を悲しみ悼むこと。 祝賀＝めでたいことを喜び祝うこと。
02	（ 極端（きょくたん） ）	中庸（ちゅうよう）＝過不足がなく調和がとれていること。 極端＝普通の程度から大きく外れていること。
03	（ 蓄積（ちくせき） ）	消耗（しょうもう）＝使ってなくなること。 蓄積＝たまって増えること。
04	（ 黙秘（もくひ） ）	供述（きょうじゅつ）＝事実を申し述べること。 黙秘＝一言も言わないこと。
05	（ 分割（ぶんかつ） ）	一括（いっかつ）＝多くのものを一つにまとめること。 分割＝一つのものを複数にわけること。
06	（ 一般（いっぱん） ）	普遍（ふへん）＝例外なくすべてのものにあてはまること。 一般＝広く共通して認められ、ゆきわたっていること。
07	（ 鼓舞（こぶ） ）	激励（げきれい）＝励まし元気づけること。 鼓舞＝励まし勢いづけること。
08	（ 除去（じょきょ） ）	抹消（まっしょう）＝消してなくすこと。 除去＝とりのぞくこと。
09	（ 適切（てきせつ） ）	妥当（だとう）＝判断や処理に無理がなく、ふさわしいこと。 適切＝その場にふさわしいこと。
10	（ 追放（ついほう） ）	駆逐（くちく）＝敵の勢力などをおい払うこと。 追放＝しめ出すこと。おい払うこと。

でる度 ★★★

対義語・類義語 4

右の□の中の語を一度だけ使って漢字に直し、対義語・類義語を記せ。

対義語

□ 01 購買 —（　　）

□ 02 凡庸 —（　　）

□ 03 乾燥 —（　　）

□ 04 性急 —（　　）

□ 05 固辞 —（　　）

類義語

□ 06 永遠 —（　　）

□ 07 談判 —（　　）

□ 08 倫理 —（　　）

□ 09 進呈 —（　　）

□ 10 安眠 —（　　）

いだい
かいだく
けんじょう
こうしょう
しつじゅん
じゅくすい
どうとく
はんばい
むきゅう
ゆうちょう

ここまでがんばろう！

でる度 ★★★ ★★ ★

解答

01 (販売)

02 (偉大)

03 (湿潤)

04 (悠長)

05 (快諾)

06 (無窮)

07 (交渉)

08 (道徳)

09 (献上)

10 (熟睡)

解説

01 購買=品物を買い入れること。
販売=品物をうること。
他例 購入―販売

02 凡庸=平凡でとりえのないこと。
偉大=すぐれて大きいさま。りっぱであるさま。

03 乾燥=水分がなくなること。
湿潤=水分が多いこと。

04 性急=気が短く、せかせかしているさま。
悠長=のんびりと構えているようす。

05 固辞=かたく断ること。
快諾=こころよく受け入れること。

06 永遠=果てしなく長く続くこと。
無窮=どこまでも続くこと。

07 談判=取り決めのため、論じ合うこと。
交渉=取り引きのため、話し合うこと。

08 倫理=人として守り行うべき道。
道徳=人が善悪をわきまえて正しい行為をなすために、守り従わねばならない規範。

09 進呈=人に物を差し上げること。
献上=身分の高い人に物を差し上げること。

10 安眠=心やすらかに眠ること。
熟睡=ぐっすり深く眠ること。

でる度 ★★★

同音・同訓異字 1

次の――線のカタカナを漢字に直せ。

□ 01 さまざまな感情が交サクする。（　　　）

□ 02 散歩中に思サクにふける。（　　　）

□ 03 舞台の余インに浸る。（　　　）

□ 04 暗くてイン気な洞くつだ。（　　　）

□ 05 選挙への出馬を打シンする。（　　　）

□ 06 白髪のシン士に道を尋ねられる。（　　　）

□ 07 ゼン進的に進歩してきた技術。（　　　）

□ 08 破損した屋根を修ゼンする。（　　　）

□ 09 傘のエの部分を持つ。（　　　）

□ 10 エ手勝手な振る舞いをとがめる。（　　　）

合格点	得点
7/10	/10

ここまでがんばろう！

でる度 ★★★ ★★ ★

解答 / 解説

01 （ 錯 ） 交錯（こうさく）＝いくつかのものが複雑にまじること。
他例 錯誤（さくご）・錯乱（さくらん）

02 （ 索 ） 思索（しさく）＝筋道を立てて考えること。
他例 索引（さくいん）・検索（けんさく）・模索（もさく）

03 （ 韻 ） 余韻（よいん）＝事が終わったあとに残る味わい。
他例 韻律（いんりつ）・韻文（いんぶん）

04 （ 陰 ） 陰気（いんき）＝気分・雰囲気・天候などが、晴れ晴れしないこと。

05 （ 診 ） 打診（だしん）＝相手の意向を探ること。
他例 検診（けんしん）・診察（しんさつ）

06 （ 紳 ） 紳士（しんし）＝教養・気品があり礼儀正しい男子。ジェントルマン。

07 （ 漸 ） 漸進的（ぜんしんてき）＝段階を踏んで少しずつ進むさま。
他例 漸次（ぜんじ）

08 （ 繕 ） 修繕（しゅうぜん）＝こわれたところを直すこと。

09 （ 柄 ） 柄＝握りやすいように、道具類につけた棒状の部分。

10 （ 得 ） 得手勝手（えてかって）＝自分だけ都合のよいようにすること。

でる度 ★★★

同音・同訓異字 2

次の――線のカタカナを漢字に直せ。

□ 01 道路工事で岩をハ砕する。 (　　)

□ 02 状況を正しくハ握できない。 (　　)

□ 03 住宅街でセッ盗事件がおきた。 (　　)

□ 04 睡眠不足を避けセッ生に努める。 (　　)

□ 05 日本にはケン譲の美徳があった。 (　　)

□ 06 ケン微鏡で細菌を観察する。 (　　)

□ 07 将来にカ根を残す結果。 (　　)

□ 08 物語がカ境に入る。 (　　)

□ 09 重い石をのせて白菜をツける。 (　　)

□ 10 高校を卒業して仕事にツく。 (　　)

合格点 7/10 ｜ 得点 /10

でる度 ★★★ ★★ ★

解答		解説
01	（ 破 ）	破砕(はさい)＝粉々に砕くこと。
02	（ 把 ）	把握(はあく)＝複雑な情勢などを正確に理解すること。
03	（ 窃 ）	窃盗(せっとう)＝他人の金品などをこっそり盗むこと。
04	（ 摂 ）	摂生(せっせい)＝健康に気を配り、生活すること。
05	（ 謙 ）	謙譲(けんじょう)＝へりくだって人にゆずること。 他例 謙虚(けんきょ)
06	（ 顕 ）	顕微鏡(けんびきょう)＝微小なものを拡大して観察する装置・器械。 他例 顕著(けんちょ)・顕彰(けんしょう)
07	（ 禍 ）	禍根(かこん)＝災いの起こるもと。 他例 災禍(さいか)・舌禍(ぜっか)・禍福(かふく)
08	（ 佳 ）	佳境(かきょう)＝興味を感じさせる場面。
09	（ 漬 ）	漬ける＝つけ物にする。
10	（ 就 ）	就く＝職務を得て働く。

でる度 ★★★

同音・同訓異字 ❸

次の——線のカタカナを漢字に直せ。

□ **01** キュウ余の一策を講じる。（　　）

□ **02** 大臣は問題に言キュウした。（　　）

□ **03** 脳リに焼き付いた光景。（　　）

□ **04** 選択課目をリ修した。（　　）

□ **05** ヒン発する事件に手を焼く。（　　）

□ **06** ヒン客を招き入れる。（　　）

□ **07** 彼からユ快な話を聞いた。（　　）

□ **08** 政治家と業者のユ着を断ち切る。（　　）

□ **09** フしてお願い申し上げます。（　　）

□ **10** 調査の結果をフまえて判断した。（　　）

合格点 7/10 得点 /10

ここまでがんばろう！

でる度 ★★★ ★★ ★

解答	解説
01 （ 窮 ）	窮余の一策（きゅうよのいっさく）＝苦しまぎれに思いついた方法や手段。 他例 窮迫（きゅうはく）・窮屈（きゅうくつ）・窮乏（きゅうぼう）・窮地（きゅうち）
02 （ 及 ）	言及（げんきゅう）＝いいおよぶこと。
03 （ 裏 ）	脳裏（のうり）＝頭の中。心の中。 他例 表裏（ひょうり）
04 （ 履 ）	履修（りしゅう）＝学業の課程を学び修めること。 他例 履行（りこう）・履歴（りれき）
05 （ 頻 ）	頻発（ひんぱつ）＝たびたび発生すること。 他例 頻繁（ひんぱん）・頻度（ひんど）
06 （ 賓 ）	賓客（ひんきゃく（ひんかく））＝大切な客。正式の客人。 他例 貴賓（きひん）・来賓（らいひん）
07 （ 愉 ）	愉快（ゆかい）＝楽しくてこころよいこと。 他例 愉悦（ゆえつ）
08 （ 癒 ）	癒着（ゆちゃく）＝不正に深くつながり合うこと。 他例 快癒（かいゆ）
09 （ 伏 ）	伏す＝うつぶせになる。うつむく。
10 （ 踏 ）	踏まえる＝ある行為や判断の根拠とする。

でる度 ★★★

同音・同訓異字 4

次の――線のカタカナを漢字に直せ。

□ 01 素ボクな料理をいただく。 (　　)

□ 02 医者に打ボク傷と診断された。 (　　)

□ 03 ジ養のある食材を取り入れる。 (　　)

□ 04 過去の問題と類ジしている。 (　　)

□ 05 ビタミンのチュウ出に成功した。 (　　)

□ 06 けんかのチュウ裁に入る。 (　　)

□ 07 高速道路の分キ点に近づいた。 (　　)

□ 08 深刻なキ餓に直面している。 (　　)

□ 09 カニがトれる場所を探す。 (　　)

□ 10 料理人は包丁をきちんとトぐ。 (　　)

合格点 7/10　得点 /10

でる度 ★★★ ★★ ★

解答 / 解説

01 （ 朴 ）
素朴（そぼく）＝ありのままで飾らないこと。
他例 純朴（じゅんぼく）

02 （ 撲 ）
打撲（だぼく）＝体をたたいたり打ったりすること。
他例 撲滅（ぼくめつ）

03 （ 滋 ）
滋養（じよう）＝体の栄養となるもの。
他例 滋味（じみ）

04 （ 似 ）
類似（るいじ）＝互いに共通点があること。

05 （ 抽 ）
抽出（ちゅうしゅつ）＝固体や液体の中からある成分を溶かし出すこと。
他例 抽象（ちゅうしょう）

06 （ 仲 ）
仲裁（ちゅうさい）＝争いの間に入って和解させること。

07 （ 岐 ）
分岐（ぶんき）＝行く先が別々に分かれること。

08 （ 飢 ）
飢餓（きが）＝食べ物がなくうえること。

09 （ 捕 ）
捕れる＝つかまえることができる。
注意 おもに動物の場合に使う。

10 （ 研 ）
研ぐ＝刃物を砥石（といし）などですって切れるようにすること。

でる度 ★★★

同音・同訓異字 5

次の――線のカタカナを漢字に直せ。

□ 01 優秀な人材をハイ出する。（　　）

□ 02 屋敷はハイ屋となっていた。（　　）

□ 03 ヒ免された大臣は三人目だ。（　　）

□ 04 よく眠ってヒ労を蓄積させない。（　　）

□ 05 誘カイ事件の捜査は難しい。（　　）

□ 06 虫が媒カイする伝染病にかかる。（　　）

□ 07 悪い報告にジュウ面を作った。（　　）

□ 08 習字に墨ジュウを使う。（　　）

□ 09 彼の死を悼み、モに服します。（　　）

□ 10 個人情報がモれている。（　　）

解答 / 解説

01（輩）　輩出＝才能のあるすぐれた人が次々と世に出ること。

02（廃）　廃屋＝住人がいなくなって荒れはてた家。

03（罷）　罷免＝職務をやめさせること。免職。
他例 罷業

04（疲）　疲労＝筋肉などが、使いすぎのために機能を低下し、本来の働きができない状態。

05（拐）　誘拐＝人をだまして連れ去ること。
他例 拐帯

06（介）　媒介＝両方の間に立って、仲立ちをすること。
他例 厄介・紹介

07（渋）　渋面＝不愉快そうな顔。
他例 渋滞

08（汁）　墨汁＝墨をすった液。墨色の液。
他例 苦汁・果汁

09（喪）　人の死後、近親者が一定期間、外出・祝事・交際などをさしひかえること。
他例 喪主・喪章

10（漏）　漏れる＝秘密などが外に伝わる。

でる度
★★★

誤字訂正①

次の各文にまちがって使われている同じ読みの漢字が一字ある。左に誤字を、右に正しい漢字を記せ。

□ **01** 客層と価格設定の不一致により、その店は近隣から徹退した。

誤（　　）⇒ 正（　　）

□ **02** 自動車工場の閉鎖が決定し、衰退必至の地域経済の伸興策が検討されている。

誤（　　）⇒ 正（　　）

□ **03** 今年も人家へのクマの出没が懸念されており、猟友会では警怪を強めている。

誤（　　）⇒ 正（　　）

□ **04** 国内総生産に締める個人消費は約六割程度あり、かなり影響力がある。

誤（　　）⇒ 正（　　）

□ **05** 財政再建のため認可事業の見直しを行い、支出を抑勢することが先決である。

誤（　　）⇒ 正（　　）

□ **06** 感染症対策のため、渡向歴を書類に記入する必要がある。

誤（　　）⇒ 正（　　）

□ **07** 祖父が長年淡精して作っている菊の大輪が認められ、品評会で表彰された。

誤（　　）⇒ 正（　　）

□ **08** 少子高齢化が加速している今、老後の生活の保償が求められている。

誤（　　）⇒ 正（　　）

合格点	得点
6/8	/8

ここまでがんばろう！

でる度 ★★★ ★★ ★

解答

	誤		正
01	（徹）	⇒	（撤）
02	（伸）	⇒	（振）
03	（怪）	⇒	（戒）
04	（締）	⇒	（占）
05	（勢）	⇒	（制）
06	（向）	⇒	（航）
07	（淡）	⇒	（丹）
08	（償）	⇒	（障）

解説

撤退（てったい）＝陣地や拠点を引き払って退くこと。

振興（しんこう）＝産業などが盛んになること。

警戒（けいかい）＝よくないことが起こらないように注意し、用心すること。

占（し）める＝全体の中である割合を持つこと。

抑制（よくせい）＝勢いをおさえて止めること。

渡航（とこう）＝航空機や船舶で海外へ行くこと。

丹精（たんせい）＝心をつくして丁寧にすること。

保障（ほしょう）＝ある状態・地位がおかされないように守ること。

でる度 ★★★

誤字訂正 ②

次の各文にまちがって使われている同じ読みの漢字が一字ある。左に誤字を、右に正しい漢字を記せ。

□ 01 見渡す限りの緑の草原と住んだ青空の下に遊牧民の白いテントが点在する。

誤（　　）⇒ 正（　　）

□ 02 森林の伐栽により、食物を失った野生動物が人の生活圏にも出没する。

誤（　　）⇒ 正（　　）

□ 03 希少な淡水魚を始育して繁殖を成功させるに至るまでたいへんな苦労をした。

誤（　　）⇒ 正（　　）

□ 04 この液晶テレビは従来品と比格すると消費電力が大幅に削減されている。

誤（　　）⇒ 正（　　）

□ 05 新聞各社は凶悪犯罪が地方でも増加傾向にあると敬鐘を鳴らしている。

誤（　　）⇒ 正（　　）

□ 06 事故が賓発する道路で、毎朝交通整理を行うことにした。

誤（　　）⇒ 正（　　）

□ 07 雨不足でダムからの取水量制限が続き、経済に真刻な影響が出始めている。

誤（　　）⇒ 正（　　）

□ 08 この新型店舗の廊下は広く、座席も工夫を凝らして高齢者に配慮している。

誤（　　）⇒ 正（　　）

合格点	得点
6/8	/8

ここまでがんばろう！

解答		解説
	誤 ⇒ 正	
01	（住）⇒（澄）	澄む＝濁りがなく透き通る。
02	（栽）⇒（採）	伐採＝山林などの樹木を切り出すこと。
03	（始）⇒（飼）	飼育＝家畜などを育てること。
04	（格）⇒（較）	比較＝ほかのものとくらべて差異をみること。
05	（敬）⇒（警）	警鐘＝（比喩的に）人々に注意を促すもの。いましめ。
06	（賓）⇒（頻）	頻発＝同じ種類のことがたびたび発生すること。
07	（真）⇒（深）	深刻＝事態がせまり重大なようす。
08	（虜）⇒（慮）	配慮＝心づかい。

でる度
★★★

誤字訂正 ③

次の各文にまちがって使われている同じ読みの漢字が一字ある。左に誤字を、右に正しい漢字を記せ。

□ **01** 来年の経済成長率は個人消費の増加が寄預し、若干上向きと予想される。

誤（　　）⇒ 正（　　）

□ **02** 改修工事のため閉差されていた施設が、満を持して開園した。

誤（　　）⇒ 正（　　）

□ **03** 生鷹食品を扱う従業員にはマスクと帽子を着用するように義務づけている。

誤（　　）⇒ 正（　　）

□ **04** 会場は彩り豊かな装色を施して華やいだ雰囲気を演出している。

誤（　　）⇒ 正（　　）

□ **05** 往年の大女優は長い討病の末に、家族に見守られ眠るように息を引き取った。

誤（　　）⇒ 正（　　）

□ **06** 先祖伝来の古い磁器が価値のある物かどうか専門家に観定を依頼した。

誤（　　）⇒ 正（　　）

□ **07** 民家の立ち並ぶ町にある河川敷で、野生生物が捕確された。

誤（　　）⇒ 正（　　）

□ **08** 伝統芸能の一つである日本舞謡を幼少のころから習い続けて三十年になる。

誤（　　）⇒ 正（　　）

合格点	得点
6/8	/8

ここまでがんばろう！

でる度 ★★★ ★★ ★

	解答 誤		解答 正	解説
01	（預）	⇒	（与）	寄与（きよ）＝国家・社会・会社などに役に立つこと。
02	（差）	⇒	（鎖）	閉鎖（へいさ）＝出入り口などを閉ざすこと。
03	（薦）	⇒	（鮮）	生鮮（せいせん）＝肉・魚・野菜などの食品が新しくて生き生きしていること。
04	（色）	⇒	（飾）	装飾（そうしょく）＝美しく見えるようにかざりつけること。
05	（討）	⇒	（闘）	闘病（とうびょう）＝病気とたたかうこと。くじけず積極的に治療につとめること。
06	（観）	⇒	（鑑）	鑑定（かんてい）＝物の価値や真贋（しんがん）などを見きわめること。
07	（確）	⇒	（獲）	捕獲（ほかく）＝つかまえること。
08	（謡）	⇒	（踊）	舞踊（ぶよう）＝おどり。

でる度 ★★★

送り仮名 1

次の——線のカタカナを漢字一字と送り仮名（ひらがな）に直せ。

□ **01** スーツケースに荷物をツメル。（　　）

□ **02** クルオシイほどに恋人を思う。（　　）

□ **03** 気の迷いで罪をオカシた。（　　）

□ **04** 輝かしい将来を夢にエガイて励む。（　　）

□ **05** 穏やかな音楽を聴くとネムタクなる。（　　）

□ **06** クワシイ事情は知らない。（　　）

□ **07** 髪をユワエルほうがよく似合う。（　　）

□ **08** 寝坊するとはメズラシイ。（　　）

□ **09** 海にカメラをシズメル。（　　）

□ **10** いつまでもツキルことのない話。（　　）

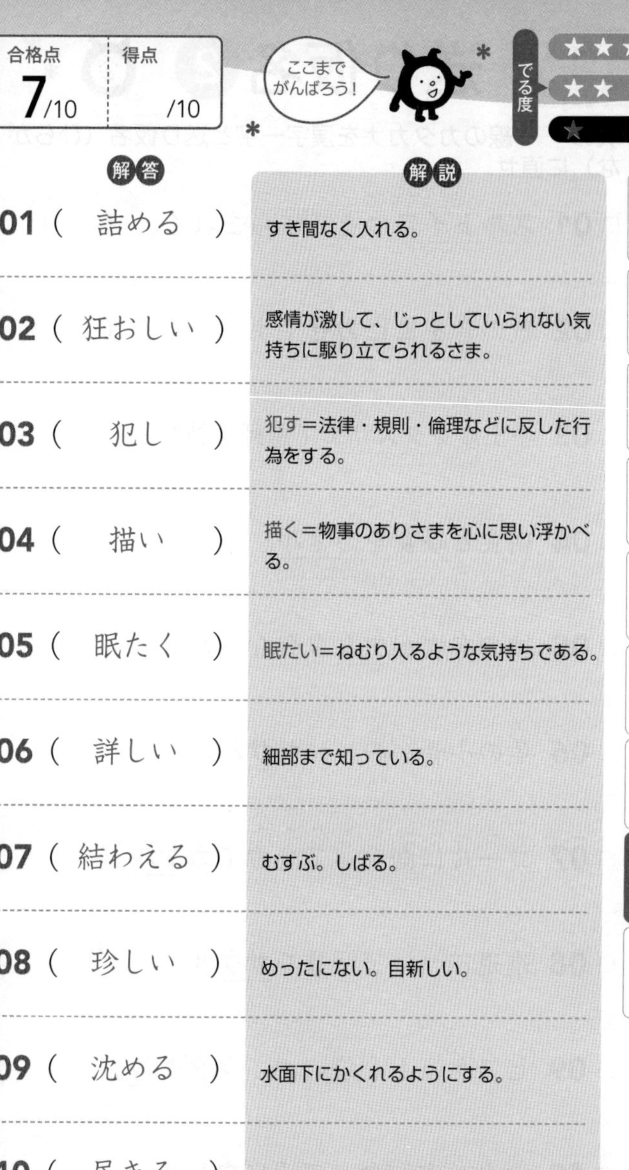

合格点	得点
7/10	/10

でる度 ★★★ ★★ ★

解答	解説
01（ 詰める ）	すき間なく入れる。
02（ 狂おしい ）	感情が激して、じっとしていられない気持ちに駆り立てられるさま。
03（ 犯し ）	犯す＝法律・規則・倫理などに反した行為をする。
04（ 描い ）	描く＝物事のありさまを心に思い浮かべる。
05（ 眠たく ）	眠たい＝ねむり入るような気持ちである。
06（ 詳しい ）	細部まで知っている。
07（ 結わえる ）	むすぶ。しばる。
08（ 珍しい ）	めったにない。目新しい。
09（ 沈める ）	水面下にかくれるようにする。
10（ 尽きる ）	長く続けていってなくなる。

でる度
★★★

送り仮名 ②

次の——線のカタカナを漢字一字と送り仮名（ひらがな）に直せ。

□ **01** スルドイ目つきでにらまれる。（　　　）

□ **02** 靴の音をヒビカせて歩いてくる。（　　　）

□ **03** 手土産をタズサエて恩師を訪ねる。（　　　）

□ **04** 朝食と昼食をカネル。（　　　）

□ **05** 彼の存在がケムタクなった。（　　　）

□ **06** 魚の小骨がのどにササル。（　　　）

□ **07** ゴールに向かって全力でカケル。（　　　）

□ **08** 進退について明言をサケル。（　　　）

□ **09** ビスケットが袋の中でクダケル。（　　　）

□ **10** カキの実が食べごろにウレル。（　　　）

合格点 7/10　得点 /10

解答

解説

01 (鋭い) 激しく迫ってくるようす。

02 (響か) 響く=音が広がり伝わる。

03 (携え) 携える=手にさげて、また、身につけて持つ。

04 (兼ねる) 一つで二つ以上の働きをする。

05 (煙たく) 煙たい=気づまりで近づきにくい感じがする。

06 (刺さる) 先のとがったものが突き立つ。

07 (駆ける) 速く走る。

08 (避ける) さしひかえる。遠慮する。

09 (砕ける) 固い物などが、衝撃などで小さくばらばらになる。

10 (熟れる) 果実や穀物などが十分にみのる。

でる度 ★★★

送り仮名 ③

次の——線のカタカナを漢字一字と送り仮名（ひらがな）に直せ。

□ **01** 彼女の言葉を<u>サエギル</u>。（　　）

□ **02** 道路の溝に足が<u>ハサマッ</u>た。（　　）

□ **03** 自分勝手も<u>ハナハダシイ</u>。（　　）

□ **04** 悪さをした子どもを<u>コラシメル</u>。（　　）

□ **05** 先輩はいつも<u>イソガシイ</u>様子だ。（　　）

□ **06** 冬の前に食糧を<u>タクワエル</u>。（　　）

□ **07** 相手の申し入れを<u>コバム</u>。（　　）

□ **08** 友人の死を<u>トムラウ</u>。（　　）

□ **09** 一つのミスから危機に<u>オチイル</u>。（　　）

□ **10** かばんにナイフを<u>シノバ</u>せる。（　　）

解答

解説

01 (遮る) 邪魔をして行動をやめさせる。

02 (挟まっ) 挟まる=物と物の間に入ってしまう。

03 (甚だしい) 程度が激しい。過度である。

04 (懲らしめる) 制裁を加えるなどして二度としないようにさせる。

05 (忙しい) 多くの用事に追われて暇がない。

06 (蓄える) 品物などを、のちに役立てるためにためておく。

07 (拒む) 要求や申し出などを断る。

08 (弔う) 死を悲しみ悼む。くやむ。

09 (陥る) 好ましくない状況になる。

10 (忍ば) 忍ばせる=かくして持つ。

でる度
★★★

書き取り❶

次の——線のカタカナを漢字に直せ。

□ **01** 手のコウをぶつけた。 (　　)

□ **02** 葬式でコウデンを差し出す。 (　　)

□ **03** 徹夜でゲンコウを書き上げた。 (　　)

□ **04** ベルサイユキュウデンを訪れる。 (　　)

□ **05** コンレイの日取りが決まった。 (　　)

□ **06** オノレの行いを省みる。 (　　)

□ **07** 糸をアヤツってたこを揚げる。 (　　)

□ **08** テガタい経営方針だ。 (　　)

□ **09** 清廉潔白なエラい方です。 (　　)

□ **10** 朝日を浴びて湖面がカガヤく。 (　　)

合格点	得点
7/10	/10

	解答	解説
01	（ 甲 ）	手足の上側、または外側の面。 他例 甲乙（こうおつ）・甲殻類（こうかくるい）
02	（ 香典 ）	霊前に供える金品。 他例 焼香（しょうこう）・香水（こうすい）
03	（ 原稿 ）	印刷したり話をしたりするために書いたもの。 他例 投稿（とうこう）
04	（ 宮殿 ）	国王などが住む邸宅。 他例 殿下（でんか）・殿堂（でんどう）
05	（ 婚礼 ）	結こんの儀式。結こん式。 他例 婚約（こんやく）・新婚（しんこん）
06	（ 己 ）	その人、またはそのもの自身。
07	（ 操 ）	操る＝上手にあつかう。
08	（ 手堅 ）	手堅い＝確実で危なげないこと。 他例 堅苦（かたくる）しい
09	（ 偉 ）	偉い＝人柄や行為が立派ですぐれている。
10	（ 輝 ）	輝く＝周囲を明るくする光を発する。

でる度
★★★

書き取り❷

次の——線のカタカナを漢字に直せ。

□ **01** 朝昼ケンヨウの食事をする。　（　　　）

□ **02** ロボウの石をける。　（　　　）

□ **03** 熱演にバンライの拍手が起きた。（　　　）

□ **04** 家宝のつぼをカンテイした。　（　　　）

□ **05** トラックで移動ハンバイを行う。（　　　）

□ **06** 落とした財布をチマナコで捜す。（　　　）

□ **07** 日陰に入るとコトサラ寒い。　（　　　）

□ **08** カンヌシが毎日お参りをする。　（　　　）

□ **09** 雨不足で苗がカれる。　（　　　）

□ **10** タイのオカシラ付きをいただく。（　　　）

合格点	得点
7/10	/10

ここまで
がんばろう！

解答	解説
01（ 兼用 ）	一つのものを二つ以上の用途にもちいること。 他例 兼務（けんむ）
02（ 路傍 ）	みちばた。 他例 傍受（ぼうじゅ）
03（ 万雷 ）	万雷（ばんらい）の拍手（はくしゅ）＝大勢の人たちの盛んな拍手。 他例 雷雲（らいうん）・地雷（じらい）
04（ 鑑定 ）	物の価値や真贋（しんがん）などを見きわめること。 他例 印鑑（いんかん）・鑑賞（かんしょう）
05（ 販売 ）	品物を売ること。 他例 市販（しはん）・販路（はんろ）
06（ 血眼 ）	夢中になって狂奔すること。
07（ 殊更 ）	特に際立って。 他例 更（さら）に
08（ 神主 ）	神社に奉仕して、神事に従う仕事をする人。
09（ 枯 ）	枯れる＝草木の命が終わる。
10（ 尾頭 ）	尾頭付（おかしらつ）き＝しっぽも頭も付いたままの魚。 他例 尾根（おね）

でる度 ★★★

書き取り ③

次の――線のカタカナを漢字に直せ。

□ **01** 長いサイゲツを一緒に暮らす。（　　　）

□ **02** 祖父のソウゼツな話を聞いた。（　　　）

□ **03** 自宅をテイトウに入れる。（　　　）

□ **04** ダンリョクのある生地をこねる。（　　　）

□ **05** カンパイして二人を祝福する。（　　　）

□ **06** 彼はオソザきの歌手だ。（　　　）

□ **07** 悪天候で客足がニブくなる。（　　　）

□ **08** マスコミをサけて場外に出る。（　　　）

□ **09** 試験日がセマっている。（　　　）

□ **10** 上司の世話になりハナハだ恐縮だ。（　　　）

解答 / 解説

解答	解説
01 （ 歳月 ）	年月。 他例 歳暮（せいぼ）
02 （ 壮絶 ）	きわめて勇ましく激しいこと。 他例 壮大（そうだい）
03 （ 抵当 ）	借金の際、借り手が貸し手に担保として差し出す財産や権利。 他例 抵抗（ていこう）・抵触（ていしょく）
04 （ 弾力 ）	変形した時に元に戻ろうとはね返す力。
05 （ 乾杯 ）	互いにさかずきを上げて祝福の意をこめて酒を飲むこと。 他例 乾燥（かんそう）・乾電池（かんでんち）
06 （ 遅咲 ）	遅咲き＝（比喩（ひゆ）的に）実力や才能を発揮するのに時間がかかった人。
07 （ 鈍 ）	客足（きゃくあし）が鈍（にぶ）い＝客があまり来ない。
08 （ 避 ）	避ける＝意識的に遠ざかる。
09 （ 迫 ）	迫る＝すぐそばまで近づく。
10 （ 甚 ）	甚だ＝普通の程度をはるかに超えているさま。

でる度 ★★★

書き取り ④

次の——線のカタカナを漢字に直せ。

□ **01** 状況はセッパクしている。 (　　　)

□ **02** 庭にヤクザイをまく。 (　　　)

□ **03** 風土の違いをヒカクする。 (　　　)

□ **04** 小説のシッピツ活動に専念する。(　　　)

□ **05** 彼のトウトツな言動に驚いた。 (　　　)

□ **06** 失敗してナゲくことはない。 (　　　)

□ **07** そっと花をソえる。 (　　　)

□ **08** 家財がミズビタしになる。 (　　　)

□ **09** 隣の部屋の声がツツヌけだ。 (　　　)

□ **10** やがて春がメグってくる。 (　　　)

合格点	得点
7/10	/10

	解答	解説
01	（ 切迫 ）	事態が差しせまっていること。 他例 迫害(はくがい)・迫真(はくしん)・気迫(きはく)
02	（ 薬剤 ）	くすり。調合されたくすり。 他例 洗剤(せんざい)・防腐剤(ぼうふざい)
03	（ 比較 ）	ほかのものとくらべて差異をみること。
04	（ 執筆 ）	文章などを書くこと。
05	（ 唐突 ）	出し抜けで場違いなさま。
06	（ 嘆 ）	嘆く＝ひどく悲しむこと。 他例 嘆(なげ)かわしい
07	（ 添 ）	添える＝つけ加える。
08	（ 水浸 ）	水浸し＝すっかり水につかること。
09	（ 筒抜 ）	筒抜け＝物音や話し声が、そのまま他の人に聞こえること。
10	（ 巡 ）	巡る＝まわって元に戻る。循環する。 他例 お巡(まわ)りさん

でる度 ★★★

書き取り 5

次の――線のカタカナを漢字に直せ。

□ **01** 友人の頼みをカイダクする。（　　）

□ **02** 手ごわい相手にチョウセンする。（　　）

□ **03** ゼヒの判断ができない子ども。（　　）

□ **04** テイボウの建設が認められた。（　　）

□ **05** 不動産のチュウカイ手数料を払う。（　　）

□ **06** 筆舌にツくし難い苦労。（　　）

□ **07** 砂糖をフクまない飲料。（　　）

□ **08** ずれないように待ち針をサす。（　　）

□ **09** 長いカミの少女に出会った。（　　）

□ **10** トナリの部屋から笑い声がする。（　　）

合格点 7/10　得点 /10

でる度 ★★★ ★★ ★

解答 / 解説

01（ 快諾 ）　依頼や申し入れを快く承だくすること。
他例 承諾（しょうだく）・受諾（じゅだく）

02（ 挑戦 ）　戦いや試合をいどむこと。
他例 挑発（ちょうはつ）

03（ 是非 ）　物事のよしあし。
他例 是正（ぜせい）

04（ 堤防 ）　水害をふせぐためにつくられた土手。
他例 防波堤（ぼうはてい）

05（ 仲介 ）　当事者双方の間に立ち便宜を図り事をまとめること。
他例 伯仲（はくちゅう）

06（ 尽 ）　筆舌（ひつぜつ）に尽（つ）くし難（がた）い＝文章や言葉では表現できない。

07（ 含 ）　含む＝内部に入っている。

08（ 刺 ）　刺す＝先のとがったもので突く。

09（ 髪 ）　頭にはえる毛。
他例 白髪（しらが）

10（ 隣 ）　並んで続いて接していること。

でる度 ★★★

書き取り⑥

次の——線のカタカナを漢字に直せ。

□ **01** 投げたヒョウシに痛みが走った。(　　　)

□ **02** 人権のシンガイを告発する。(　　　)

□ **03** 荷物の到着がチエンしている。(　　　)

□ **04** 失敗する可能性はカイムです。(　　　)

□ **05** 墨のノウタンで表現された絵。(　　　)

□ **06** 深くオモムキのある作品だ。(　　　)

□ **07** 刀工として名人のホマれが高い。(　　　)

□ **08** 昔からの商店街がスタれる。(　　　)

□ **09** ジャリ道を歩く音がする。(　　　)

□ **10** 軒先から雨のシズクが落ちる。(　　　)

合格点 7/10　得点 /10

でる度 ★★★ ★★ ★

解答	解説
01（ 拍子 ）	はずみ。とたん。 他例 突拍子（とっぴょうし）
02（ 侵害 ）	他人の物を勝手に奪ったりそこなったりすること。 他例 侵入（しんにゅう）
03（ 遅延 ）	予定よりも期日・時間がおくれたり、長引いたりすること。 他例 遅刻（ちこく）
04（ 皆無 ）	まったくないこと。 他例 皆勤（かいきん）
05（ 濃淡 ）	色のこいことと、薄いこと。 他例 濃霧（のうむ）
06（ 趣 ）	しみじみとした味わい。おもしろみ。
07（ 誉 ）	誉れ＝ほめられて光栄なこと。よい評判。
08（ 廃 ）	廃れる＝盛んだったものが衰える。
09（ 砂利 ）	岩石が砕けて細かくなった小石。またその集まり。
10（ 滴 ）	水などの液体のしたたり。

でる度 ★★★

書き取り⑦

次の——線のカタカナを漢字に直せ。

□ **01** シュコウを凝らしたパーティー。(　　　)

□ **02** コウキュウの平和を願う。(　　　)

□ **03** タボウな毎日を過ごしている。(　　　)

□ **04** ゴウテイに住むのが夢だ。(　　　)

□ **05** カツアイされた内容が気になる。(　　　)

□ **06** フリカエ休日を取る。(　　　)

□ **07** 社長の弱みをニギる。(　　　)

□ **08** 年末年始はモッパら寝ています。(　　　)

□ **09** 気にヤむことではない。(　　　)

□ **10** カラクサ模様の布。(　　　)

解答 / 解説

	解答	解説
01	（ 趣向 ）	おもむきやおもしろみ。 他例 趣味（しゅみ）
02	（ 恒久 ）	変わらずにいつまでも続くこと。 他例 恒例（こうれい）
03	（ 多忙 ）	非常にいそがしいこと。 他例 忙殺（ぼうさつ）
04	（ 豪邸 ）	大きくてりっぱな家。 他例 官邸（かんてい）・邸宅（ていたく）
05	（ 割愛 ）	やむをえず手放したり省略したりすること。 他例 分割（ぶんかつ）
06	（ 振替 ）	振替休日（ふりかえきゅうじつ）＝休日に登校や出勤をした際、その休日を他の日に取りかえること。
07	（ 握 ）	弱（よわ）みを握（にぎ）る＝相手の弱点をつかむ。
08	（ 専 ）	専ら＝ひたすら。
09	（ 病 ）	病む＝心をなやます。
10	（ 唐草 ）	唐草模様（からくさもよう）＝つる草がからみ合うようすをデザインしたもの。

でる度 ★★★

書き取り 8

次の——線のカタカナを漢字に直せ。

□ 01 ビルがトウカイした。（　　）

□ 02 運動前にジュウナン体操をする。（　　）

□ 03 じつにモハン的な解答だ。（　　）

□ 04 小包をゲンカン先で受け取る。（　　）

□ 05 旅館にシュクハクした。（　　）

□ 06 二人はタガいに励まし合った。（　　）

□ 07 スルドい目つきの男。（　　）

□ 08 街路樹をヤナギの木にした。（　　）

□ 09 ダマってうなずく。（　　）

□ 10 店内を花でカザる。（　　）

解答 / 解説

	解答	解説
01	（ 倒壊 ）	建物などがたおれてつぶれること。 他例 打倒（だとう）・倒産（とうさん）
02	（ 柔軟 ）	やわらかく、しなやかなさま。
03	（ 模範 ）	見習うべきもの。お手本。 他例 範囲（はんい）
04	（ 玄関 ）	建物の正面の出入り口。 他例 玄米（げんまい）
05	（ 宿泊 ）	宿をとること。 他例 外泊（がいはく）
06	（ 互 ）	互いに＝両者が相手に対して同じことをしあうさま。
07	（ 鋭 ）	鋭い＝激しく迫ってくるようす。
08	（ 柳 ）	ヤナギ科ヤナギ属の落葉樹の総称。
09	（ 黙 ）	黙る＝何も言わない。
10	（ 飾 ）	飾る＝工夫して美しく見えるようにする。

でる度 ★★★

書き取り 9

次の――線のカタカナを漢字に直せ。

□ **01** お世辞で相手のカンシンを買う。(　　　)

□ **02** カイバツ 100メートルの地点。(　　　)

□ **03** ガンペキに船を横付けにする。(　　　)

□ **04** 射程ケンナイに敵を誘いこむ。(　　　)

□ **05** 問い合わせにソクザに対応する。(　　　)

□ **06** トラブルで予定がクルう。(　　　)

□ **07** サルシバイではごまかせない。(　　　)

□ **08** ミガラを拘束された。(　　　)

□ **09** バイトで趣味に使う金をカセぐ。(　　　)

□ **10** 万全の準備をして客をムカえた。(　　　)

合格点 7/10 得点 /10

でる度 ★★★ ★★ ★

解答		解説
01	（ 歓心 ）	歓心（かんしん）を買（か）う＝気に入られようと機嫌を取ること。 他例 歓迎（かんげい）・歓喜（かんき）
02	（ 海抜 ）	平均海水面から測った土地の高さ。 他例 奇抜（きばつ）・選抜（せんばつ）
03	（ 岸壁 ）	船を横づけさせるための石やコンクリート造りの波止場。 他例 鉄壁（てっぺき）・壁画（へきが）
04	（ 圏内 ）	ある範囲のなか。 他例 圏外（けんがい）
05	（ 即座 ）	すぐその場。 他例 即興（そっきょう）
06	（ 狂 ）	狂う＝期待や予定していたことと結果がずれる。
07	（ 猿芝居 ）	すぐ見すかされてしまうような、浅はかなたくらみ。
08	（ 身柄 ）	その人の体。 他例 絵柄（えがら）
09	（ 稼 ）	稼ぐ＝働いてお金を得る。
10	（ 迎 ）	迎える＝人が来ることを待ち受ける。

読み 部首 熟語の構成 四字熟語 対義語・類義語 同音・同訓異字 誤字訂正 送り仮名 書き取り

でる度 ★★★

書き取り⑩

次の――線のカタカナを漢字に直せ。

□ **01** ユウレツつけがたい選手たち。（　　　）

□ **02** 今年の米はキョウサクだった。（　　　）

□ **03** 法案がヨトウに承認された。（　　　）

□ **04** 保護者のドウハンが必要だ。（　　　）

□ **05** 容疑者がタイホされて安心する。（　　　）

□ **06** パーティーでプレゼントをオクる。（　　　）

□ **07** 株の暴落で損害をコウムった。（　　　）

□ **08** 入院している友人をミマう。（　　　）

□ **09** この料理はクサりかけている。（　　　）

□ **10** 宿はスドまりにした。（　　　）

合格点 7/10　得点 /10

でる度 ★★★ ★★ ★

	解答	解説
01	（ 優劣 ）	まさることと、おとること。 他例 劣悪（れつあく）・劣等（れっとう）
02	（ 凶作 ）	農作物のできが非常に悪いこと。 他例 元凶（げんきょう）
03	（ 与党 ）	政党政治において、政権を担当している政党。 他例 授与（じゅよ）・投与（とうよ）・給与（きゅうよ）
04	（ 同伴 ）	一緒に連れ立って行くこと。 他例 伴奏（ばんそう）
05	（ 逮捕 ）	人の身体に直接力を加えて身柄を拘束すること。 他例 捕獲（ほかく）・捕鯨（ほげい）
06	（ 贈 ）	贈る＝人に金品などを与えること。
07	（ 被 ）	被る＝災いなどを身に受ける。
08	（ 見舞 ）	見舞う＝病人などを訪ねるなどして慰めること。 他例 舞扇（まいおうぎ）
09	（ 腐 ）	腐る＝傷んで変質する。
10	（ 素泊 ）	素泊まり＝食事をしないで寝るだけの滞在。

でる度 ★★★

書き取り ⑪

次の——線のカタカナを漢字に直せ。

□ **01** 現地から戦争の<u>サンカ</u>を伝える。（　　　）

□ **02** 現在空港で<u>ケンエキ</u>中だ。（　　　）

□ **03** <u>ユウカイ</u>された子どもを助けた。（　　　）

□ **04** <u>ダンガイ</u>裁判にかけられる。（　　　）

□ **05** 彼女は王子に<u>ハイエツ</u>した。（　　　）

□ **06** <u>ツツシ</u>んでお礼申し上げる。（　　　）

□ **07** <u>スズ</u>の音が聞こえる。（　　　）

□ **08** 仕事を辞めて家業を<u>ツ</u>いだ。（　　　）

□ **09** 新政権の<u>ワクグ</u>みを決める。（　　　）

□ **10** 心地よい<u>ウラカゼ</u>に当たる。（　　　）

合格点	得点
7/10	/10

でる度 ★★★ ★★ ★

	解答	解説
01	（ 惨禍 ）	むごたらしい災い。
02	（ 検疫 ）	伝染病の予防のため、病原体の有無を調べること。
03	（ 誘拐 ）	人をだまして連れ去ること。
04	（ 弾劾 ）	公務員を罷免・処罰する手続きの一つ。
05	（ 拝謁 ）	身分の高い人に面会することのへりくだった表現。
06	（ 謹 ）	謹んで＝敬意を表してうやうやしく物事をするさま。
07	（ 鈴 ）	金属製・陶製などの中空の球の中に玉・石などを入れて振り鳴らすもの。
08	（ 継 ）	継ぐ＝前の者のあと、その仕事などを引き続いて行う。
09	（ 枠組 ）	枠組み＝物事のおおよそのくみ立て。
10	（ 浦風 ）	海辺を吹く風。

でる度 ★★★

書き取り⑫

次の——線のカタカナを漢字に直せ。

□ **01** カラスに<u>イカク</u>された。 (　　)

□ **02** パンが<u>カッショク</u>に焼き上がる。(　　)

□ **03** 記者が<u>カクシン</u>をつく質問をした。(　　)

□ **04** 腹部に<u>シッカン</u>が見つかった。 (　　)

□ **05** 子どものいたずらに<u>カンヨウ</u>だ。(　　)

□ **06** ドアに手が<u>ハサ</u>まった。 (　　)

□ **07** 年の瀬の<u>アワ</u>ただしい街を歩く。(　　)

□ **08** 王様が<u>カンムリ</u>をかぶる。 (　　)

□ **09** 聞くに<u>タ</u>えない非難。 (　　)

□ **10** 風<u>カオ</u>る時期。 (　　)

合格点	得点
7/10	/10

ここまでがんばろう！

でる度 ★★★ ★★ ★

解答 / 解説

01（ 威嚇 ） 暴力や武力でおどすこと。おどかし。

02（ 褐色 ） やや黒みがかったこげ茶色。

03（ 核心 ） 物事の中心となる大切なところ。

04（ 疾患 ） やまい。病気。

05（ 寛容 ） 心が広くて、よく人を受け入れるさま。人の過ちを許すこと。

06（ 挟 ） 挟まる＝物と物の間に入ってしまうこと。

07（ 慌 ） 慌ただしい＝物事をしようとしきりにせきたてられるさま。

08（ 冠 ） 身分の高い人が用いるかぶりもの。

09（ 堪 ） 堪える＝じっと我慢する。こらえる。

10（ 薫 ） 風薫る（かぜかお）＝初夏にさわやかな風が吹くこと。

でる度 ★★★

書き取り⑬

次の——線のカタカナを漢字に直せ。

□ 01 ヤッカンをよく読むべきだ。（　　）

□ 02 ギゾウパスポートが見つかる。（　　）

□ 03 土地のヘンカンに応じる。（　　）

□ 04 状況にテキギ対応する。（　　）

□ 05 森の恵みをキョウジュする。（　　）

□ 06 祖父はシブいお茶を好んだ。（　　）

□ 07 車輪がミゾにはまる。（　　）

□ 08 大きなテレビをスえた。（　　）

□ 09 勝利の祝宴をモヨオす。（　　）

□ 10 悪いクセは直すべきだ。（　　）

合格点 7/10　得点 /10

でる度 ★

	解答	解説
01	（ 約款 ）	法令・条約・契約などに定められている個々の条項。
02	（ 偽造 ）	本物とよく似たにせ物をつくること。
03	（ 返還 ）	元のところや持ち主にかえすこと。
04	（ 適宜 ）	状況にぴったりあっているさま。
05	（ 享受 ）	何かをうけ入れ、その利益を得ること。
06	（ 渋 ）	渋い＝舌にしびれを感じるような味である。
07	（ 溝 ）	水を流すため、地面を細長く掘ったもの。
08	（ 据 ）	据える＝物を動かないように置くこと。
09	（ 催 ）	催す＝人を集めて行事などを行うこと。
10	（ 癖 ）	無意識に出てしまう動作。

でる度 ★★★

書き取り⑭

次の——線のカタカナを漢字に直せ。

□ **01** 父は<u>ガンコ</u>で譲らない性格だ。（　　）

□ **02** 企業<u>ケンキン</u>は断っている。（　　）

□ **03** 母は彼女と<u>コクジ</u>している。（　　）

□ **04** 大会の最高記録を<u>コウシン</u>した。（　　）

□ **05** <u>ケイセツ</u>の功あって合格した。（　　）

□ **06** 葬儀で<u>モシュ</u>の手伝いをする。（　　）

□ **07** 子どもを<u>ホ</u>めて長所を伸ばす。（　　）

□ **08** 精神力を<u>キタ</u>える。（　　）

□ **09** 教会の<u>カネ</u>の音を聞く。（　　）

□ **10** 読んだ本を元の場所に<u>モド</u>す。（　　）

合格点 7/10　得点 /10

ここまでがんばろう！

でる度 ★★★ ★★ ★

解答 / 解説

01 (頑固) かたくなで、自分の態度や考えを改めようとしないこと。

02 (献金) 金銭を差し出すこと。あるいはその金銭。

03 (酷似) 区別できないほどよく似ていること。

04 (更新) 新しく改めること。

05 (蛍雪) 蛍雪(けいせつ)の功(こう)＝苦労して学問をした成果。

06 (喪主) 葬式を取り仕切る人。

07 (褒) 褒める＝すぐれている点を評価し、それをよく言う。

08 (鍛) 鍛える＝練習などをして、強くすること。

09 (鐘) 打ち鳴らすための金属の器具。

10 (戻) 戻す＝元の場所に返すこと。

準2級 配当漢字表

▼準2級の配当漢字328字を並べました。
▼音読みはカタカナ、訓読みはひらがな、送り仮名は細字で示しています。

見出し	漢字	読み	部首	部首名
ア	亜	ア	二	に
イ	尉	イ	寸	すん
	逸	イツ	辶	しんにょう しんにゅう
	姻	イン	女	おんなへん
	韻	イン	音	おと
ウ	畝	うね	田	た
	浦	うら	氵	さんずい
エ	疫	エキ ヤク	疒	やまいだれ
	謁	エツ	言	ごんべん
	猿	エン さる	犭	けものへん
オ	凹	オウ	凵	うけばこ
	翁	オウ	羽	はね
	虞	おそれ	虍	とらがしら とらかんむり
カ	渦	カ うず	氵	さんずい
	禍	カ	礻	しめすへん
	靴	カ くつ	革	かわへん
	寡	カ	宀	うかんむり
	稼	カ かせぐ	禾	のぎへん
	蚊	か	虫	むしへん
	拐	カイ	扌	てへん
	懐	カイ ふところ なつかしい なつかしむ なつく なつける	忄	りっしんべん
	劾	ガイ	力	ちから
	涯	ガイ	氵	さんずい

【配当漢字表の見方】

ア	◀五十音見出し
亜	◀漢字
ア	◀読み
二 に	◀部首

▲部首名

カ

漢字	読み	部首	部首名
垣	かき	土	つちへん
核	カク	木	きへん
殻	カク から	殳	るまた ほこづくり
嚇	カク	口	くちへん
括	カツ	扌	てへん
喝	カツ	口	くちへん
渇	カツ かわく	氵	さんずい
褐	カツ	衤	ころもへん
轄	カツ	車	くるまへん
且	かつ	一	いち
缶	カン	缶	ほとぎ
陥	カン おちいる おとしいれる	阝	こざとへん
患	カン わずらう	心	こころ
堪	カン たえる	土	つちへん
棺	カン	木	きへん
款	カン	欠	あくび かける
閑	カン	門	もんがまえ
寛	カン	宀	うかんむり
憾	カン	忄	りっしんべん
還	カン	辶	しんにょう しんにゅう
艦	カン	舟	ふねへん
頑	ガン	頁	おおがい

キ

漢字	読み	部首	部首名
飢	キ うえる	飠	しょくへん
宜	ギ	宀	うかんむり
偽	ギ いつわる にせ	亻	にんべん
擬	ギ	扌	てへん
糾	キュウ	糸	いとへん
窮	キュウ きわめる きわまる	穴	あなかんむり
拒	キョ こばむ	扌	てへん
享	キョウ	亠	なべぶた けいさんかんむり
挟	キョウ はさむ はさまる	扌	てへん
恭	キョウ うやうやしい	㣺	したごころ
矯	キョウ ためる	矢	やへん
暁	ギョウ あかつき	日	ひへん
菌	キン	艹	くさかんむり
琴	キン こと	王	おう
謹	キン つつしむ	言	ごんべん
襟	キン えり	衤	ころもへん
吟	ギン	口	くちへん

ク

漢字	読み	部首	部首名
隅	グウ すみ	阝	こざとへん
勲	クン	力	ちから
薫	クン かおる	艹	くさかんむり

ケ

漢字	読み	部首	部首名
茎	ケイ くき	艹	くさかんむり
渓	ケイ	氵	さんずい
蛍	ケイ ほたる	虫	むし
慶	ケイ	心	こころ
傑	ケツ	亻	にんべん
嫌	ケン ゲン きらう いや	女	おんなへん
献	ケン コン	犬	いぬ
謙	ケン	言	ごんべん

漢字	読み	部首
繭	ケン まゆ	糸 いと
顕	ケン	頁 おおがい
懸	ケン ケ かける かかる	心 こころ
弦	ゲン つる	弓 ゆみへん

◀コ

漢字	読み	部首
呉	ゴ	口 くち
碁	ゴ	石 いし
江	コウ え	氵 さんずい
肯	コウ	肉 にく
侯	コウ	亻 にんべん
洪	コウ	氵 さんずい
貢	コウ ク みつぐ	貝 かい こがい
溝	コウ みぞ	氵 さんずい
衡	コウ	行 ぎょうがまえ ゆきがまえ
購	コウ	貝 かいへん
拷	ゴウ	扌 てへん
剛	ゴウ	刂 りっとう
酷	コク	酉 とりへん
昆	コン	日 ひ
懇	コン ねんごろ	心 こころ

◀サ

漢字	読み	部首
唆	サ そそのかす	口 くちへん
詐	サ	言 ごんべん
砕	サイ くだく くだける	石 いしへん
宰	サイ	宀 うかんむり
栽	サイ	木 き
斎	サイ	斉 せい
索	サク	糸 いと
酢	サク す	酉 とりへん
桟	サン	木 きへん
傘	サン かさ	人 ひとやね

◀シ

漢字	読み	部首
肢	シ	月 にくづき
嗣	シ	口 くち
賜	シ たまわる	貝 かいへん
璽	ジ	玉 たま
漆	シツ うるし	氵 さんずい
遮	シャ さえぎる	辶 しんにょう しんにゅう
蛇	ジャ ダ へび	虫 むしへん
酌	シャク くむ	酉 とりへん
爵	シャク	爫 つめかんむり つめがしら
珠	シュ	王 おうへん たまへん
儒	ジュ	亻 にんべん
囚	シュウ	囗 くにがまえ
臭	シュウ くさい におう	自 みずから
愁	シュウ うれえる うれい	心 こころ
酬	シュウ	酉 とりへん
醜	シュウ みにくい	酉 とりへん
汁	ジュウ しる	氵 さんずい
充	ジュウ あてる	儿 ひとあし にんにょう
渋	ジュウ しぶ しぶい しぶる	氵 さんずい
銃	ジュウ	金 かねへん
叔	シュク	又 また

◀シ

漢字	読み	部首	部首名
淑	シュク	氵	さんずい
粛	シュク	聿	ふでづくり
塾	ジュク	土	つち
俊	シュン	亻	にんべん
准	ジュン	冫	にすい
殉	ジュン	歹	かばねへん いちたへん がつへん
循	ジュン	彳	ぎょうにんべん
庶	ショ	广	まだれ
緒	ショ チョ お	糸	いとへん
叙	ジョ	又	また
升	ショウ ます	十	じゅう
抄	ショウ	扌	てへん
肖	ショウ	肉	にく
尚	ショウ	⺌	しょう
宵	ショウ よい	宀	うかんむり
症	ショウ	疒	やまいだれ
祥	ショウ	礻	しめすへん
渉	ショウ	氵	さんずい
訟	ショウ	言	ごんべん
硝	ショウ	石	いしへん
粧	ショウ	米	こめへん
詔	ショウ みことのり	言	ごんべん
奨	ショウ	大	だい
彰	ショウ	彡	さんづくり
償	ショウ つぐなう	亻	にんべん
礁	ショウ	石	いしへん
浄	ジョウ	氵	さんずい
剰	ジョウ	刂	りっとう
壌	ジョウ	土	つちへん
醸	ジョウ かもす	酉	とりへん
津	シン つ	氵	さんずい
唇	シン くちびる	口	くち
娠	シン	女	おんなへん
紳	シン	糸	いとへん
診	シン みる	言	ごんべん
刃	ジン は	刀	かたな
迅	ジン	辶	しんにょう しんにゅう
甚	ジン はなはだ はなはだしい	甘	かん あまい
◀ス			
帥	スイ	巾	はば
睡	スイ	目	めへん
枢	スウ	木	きへん
崇	スウ	山	やま
据	すえる すわる	扌	てへん
杉	すぎ	木	きへん
◀セ			
斉	セイ	斉	せい
逝	セイ ゆく いく	辶	しんにょう しんにゅう
誓	セイ ちかう	言	げん
析	セキ	木	きへん
拙	セツ つたない	扌	てへん
窃	セツ	穴	あなかんむり

漢字	読み	部首	部首名
仙	セン	イ	にんべん
栓	セン	木	きへん
旋	セン	方	ほうへん かたへん
践	セン	𧾷	あしへん
遷	セン	辶	しんにょう しんにゅう
薦	セン すすめる	艹	くさかんむり
繊	セン	糸	いとへん
禅	ゼン	ネ	しめすへん
漸	ゼン	氵	さんずい
◀ソ			
租	ソ	禾	のぎへん
疎	ソ うとい うとむ	𧾷	ひきへん
塑	ソ	土	つち
壮	ソウ	士	さむらい
荘	ソウ	艹	くさかんむり
捜	ソウ さがす	扌	てへん
挿	ソウ さす	扌	てへん
曹	ソウ	日	ひらび いわく
喪	ソウ も	口	くち
槽	ソウ	木	きへん
霜	ソウ しも	雨	あめかんむり
藻	ソウ も	艹	くさかんむり
◀タ			
妥	ダ	女	おんな
堕	ダ	土	つち
惰	ダ	忄	りっしんべん
駄	ダ	馬	うまへん
泰	タイ	氺	したみず
濯	タク	氵	さんずい
但	ただし	イ	にんべん
棚	たな	木	きへん
◀チ			
痴	チ	疒	やまいだれ
逐	チク	辶	しんにょう しんにゅう
秩	チツ	禾	のぎへん
嫡	チャク	女	おんなへん
衷	チュウ	衣	ころも
弔	チョウ とむらう	弓	ゆみ
挑	チョウ いどむ	扌	てへん
眺	チョウ ながめる	目	めへん
釣	チョウ つる	金	かねへん
懲	チョウ こりる こらす こらしめる	心	こころ
勅	チョク	力	ちから
朕	チン	月	つきへん
◀ツ			
塚	つか	土	つちへん
漬	つける つかる	氵	さんずい
坪	つぼ	土	つちへん
◀テ			
呈	テイ	口	くち
廷	テイ	廴	えんにょう
邸	テイ	阝	おおざと
亭	テイ	亠	なべぶた けいさんかんむり
貞	テイ	貝	かい こがい
逓	テイ	辶	しんにょう しんにゅう

見出し	漢字	読み	部首	部首名
◂テ	偵	テイ	イ	にんべん
	艇	テイ	舟	ふねへん
	泥	デイ どろ	氵	さんずい
	迭	テツ	辶	しんにょう しんにゅう
	徹	テツ	彳	ぎょうにんべん
	撤	テツ	扌	てへん
◂ト	悼	トウ いたむ	忄	りっしんべん
	搭	トウ	扌	てへん
	棟	トウ むね むな	木	きへん
	筒	トウ つつ	竹	たけかんむり
	謄	トウ	言	げん
	騰	トウ	馬	うま
	洞	ドウ ほら	氵	さんずい
	督	トク	目	め
	凸	トツ	凵	うけばこ
	屯	トン	屮	てつ
◂ナ	軟	ナン やわらか やわらかい	車	くるまへん
◂ニ	尼	ニ あま	尸	かばね しかばね
	妊	ニン	女	おんなへん
	忍	ニン しのぶ しのばせる	心	こころ
◂ネ	寧	ネイ	宀	うかんむり
◂ハ	把	ハ	扌	てへん
	覇	ハ	襾	おおいかんむり
	廃	ハイ すたれる すたる	广	まだれ
	培	バイ つちかう	土	つちへん
	媒	バイ	女	おんなへん
	賠	バイ	貝	かいへん
	伯	ハク	イ	にんべん
	舶	ハク	舟	ふねへん
	漠	バク	氵	さんずい
	肌	はだ	月	にくづき
	鉢	ハチ ハツ	金	かねへん
	閥	バツ	門	もんがまえ
	煩	ハン ボン わずらう わずらわす	火	ひへん
	頒	ハン	頁	おおがい
◂ヒ	妃	ヒ	女	おんなへん
	披	ヒ	扌	てへん
	扉	ヒ とびら	戸	とだれ とかんむり
	罷	ヒ	罒	あみがしら あみめ よこめ
	猫	ビョウ ねこ	犭	けものへん
	賓	ヒン	貝	かい こがい
	頻	ヒン	頁	おおがい
	瓶	ビン	瓦	かわら
◂フ	扶	フ	扌	てへん
	附	フ	阝	こざとへん
	譜	フ	言	ごんべん
	侮	ブ あなどる	イ	にんべん
	沸	フツ わく わかす	氵	さんずい
	雰	フン	雨	あめかんむり
	憤	フン いきどおる	忄	りっしんべん

音	漢字	読み	部首	部首名
◀ヘ	丙	ヘイ	一	いち
	併	ヘイ あわせる	亻	にんべん
	塀	ヘイ	土	つちへん
	幣	ヘイ	巾	はば
	弊	ヘイ	廾	こまぬき にじゅうあし
	偏	ヘン かたよる	亻	にんべん
	遍	ヘン	辶	しんにょう しんにゅう
◀ホ	泡	ホウ あわ	氵	さんずい
	俸	ホウ	亻	にんべん
	褒	ホウ ほめる	衣	ころも
	剖	ボウ	刂	りっとう
	紡	ボウ つむぐ	糸	いとへん
	朴	ボク	木	きへん
	僕	ボク	亻	にんべん
	撲	ボク	扌	てへん
	堀	ほり	土	つちへん
	奔	ホン	大	だい
◀マ	麻	マ あさ	麻	あさ
	摩	マ	手	て
	磨	マ みがく	石	いし
	抹	マツ	扌	てへん
◀ミ	岬	みさき	山	やまへん
◀メ	銘	メイ	金	かねへん
◀モ	妄	モウ ボウ	女	おんな
	盲	モウ	目	め
	耗	モウ コウ	耒	すきへん らいすき
◀ヤ	厄	ヤク	厂	がんだれ
◀ユ	愉	ユ	忄	りっしんべん
	諭	ユ さとす	言	ごんべん
	癒	ユ いえる いやす	疒	やまいだれ
	唯	ユイ イ	口	くちへん
	悠	ユウ	心	こころ
	猶	ユウ	犭	けものへん
	裕	ユウ	衤	ころもへん
	融	ユウ	虫	むし
◀ヨ	庸	ヨウ	广	まだれ
	窯	ヨウ かま	穴	あなかんむり
◀ラ	羅	ラ	罒	あみがしら あみめ よこめ
	酪	ラク	酉	とりへん
◀リ	痢	リ	疒	やまいだれ
	履	リ はく	尸	かばね しかばね
	柳	リュウ やなぎ	木	きへん
	竜	リュウ たつ	竜	りゅう
	硫	リュウ	石	いしへん
	虜	リョ	虍	とらがしら とらかんむり
	涼	リョウ すずしい すずむ	氵	さんずい
	僚	リョウ	亻	にんべん
	寮	リョウ	宀	うかんむり
	倫	リン	亻	にんべん
◀ル	累	ルイ	糸	いと

	ル	レ		ワ	
漢字	塁	戻	鈴	賄	枠
読み	ルイ	レイ もどす もどる	レイ リン すず	ワイ まかなう	わく
部首	土 つち	戸 とだれ とかんむり	金 かねへん	貝 かいへん	木 きへん

おもな特別な読み、熟字訓・当て字

ア

小豆（あずき）
海女（あま）
海士（あま）
硫黄（いおう）
意気地（いくじ）
田舎（いなか）
息吹（いぶき）
海原（うなばら）
乳母（うば）

浮気（うわき）
浮つく（うわつく）
笑顔（えがお）
叔父（おじ）
伯父（おじ）
乙女（おとめ）
叔母（おば）
伯母（おば）
お巡りさん（おまわりさん）
お神酒（おみき）

母屋（おもや）
母家（おもや）

カ

神楽（かぐら）
河岸（かし）
風邪（かぜ）
仮名（かな）
蚊帳（かや）
為替（かわせ）
玄人（くろうと）

心地（ここち）
居士（こじ）

サ

早乙女（さおとめ）
雑魚（ざこ）
桟敷（さじき）
差し支える（さしつかえる）
五月（さつき）
早苗（さなえ）
五月雨（さみだれ）

時雨（しぐれ）
竹刀（しない）
老舗（しにせ）
芝生（しばふ）
三味線（しゃみせん）
砂利（じゃり）
数珠（じゅず）
白髪（しらが）
素人（しろうと）
師走（しわす（しはす））
数寄屋（すきや）
数奇屋（すきや）

相撲（すもう）
草履（ぞうり）

タ

山車（だし）
太刀（たち）
立ち退く（たちのく）
足袋（たび）
稚児（ちご）
築山（つきやま）
梅雨（つゆ）
凸凹（でこぼこ）
伝馬船（てんません）

投網（とあみ）
十重二十重（とえはたえ）
読経（どきょう）

ナ

仲人（なこうど）
名残（なごり）
雪崩（なだれ）
野良（のら）
祝詞（のりと）

ハ

二十（はたち）
二十歳（はたち）

波止場（はとば）
日和（ひより）
吹雪（ふぶき）

マ

土産（みやげ）
息子（むすこ）
猛者（もさ）
紅葉（もみじ）
木綿（もめん）
最寄り（もより）

ヤ

八百長（やおちょう）

大和（やまと）
浴衣（ゆかた）
行方（ゆくえ）
寄席（よせ）

ワ

若人（わこうど）

模擬試験問題

制限時間 60分
合格点 140点
得点 /200

解答は18・19ページ

1 次の――線の**漢字の読み**を**ひらがな**で記せ。

各1点 /30

1 散歩の時には漢詩を吟詠する。
2 破竹の勢いで大会を制覇した。
3 恩師に近刊書を謹呈した。
4 哀悼の意を表した。
5 その模様には涼感があった。
6 豪壮なホールが完成した。

16 彼はパーティーの主賓だ。
17 いくつかの学校を併願した。
18 彼とはなんとなく疎遠になった。
19 大地震という災禍に遭った。
20 二人は犬猿の仲で知られている。
21 学校から戻るとすぐ裏山に行く。

7 彼は事件について偽証していた。

8 国家の赤字は年々累積している。

9 石灰岩はセメントの材料になる。

10 純朴な性格が愛された。

11 年の割には稚拙な字を書く人だ。

12 人類には悠久の歴史がある。

13 脚立に乗って枝を切る。

14 優秀な人材を育てる土壌がある。

15 あの会長は偏屈な人らしい。

22 魚を手際よくさばく。

23 女は男の話を遮って言い張った。

24 そんなに思い煩うことはない。

25 父の命令を拒んだのは初めてだ。

26 敵のわなに陥る結果となった。

27 いつも空ばかり眺めていた。

28 それは甚だおもしろくない話だ。

29 ゴールの前で激しく競る。

30 大事なゲームの助太刀を頼まれる。

2 次の漢字の**部首**を記せ。

各1点 ／10

例 開（門）

1 献
2 唇
3 耐
4 欧
5 酢
6 循
7 傘
8 炭
9 尼
10 彰

4 次の**四字熟語**について問1と問2に答えよ。

各2点 ／30

問1 後の□内のひらがなを**漢字**にして（1～10）に入れ、**四字熟語**を完成せよ。□内のひらがなは一度だけ使い、**一字**記せ。

ア 容姿端 1
イ 迷 2 千万
ウ 3 天動地
エ 弊衣破 4
オ 5 名披露
カ 千 6 万紅
キ 無味 7 燥

かん　きょう　し　しゅう　ち　とう　ぱつ

3

熟語の構成のしかたには次のようなものがある。

各2点 ／20

ア 同じような意味の漢字を重ねたもの（**岩石**）
イ 反対または対応の意味を表す字を重ねたもの（**高低**）
ウ 上の字が下の字を修飾しているもの（**洋画**）
エ 下の字が上の字の目的語・補語になっているもの（**着席**）
オ 上の字が下の字の意味を打ち消しているもの（**非常**）

次の熟語は、右の**ア〜オ**のどれにあたるか、**一つ**選び、**記号**を記せ。

1 渉外
2 罷免
3 剛柔
4 亜流
5 勧奨
6 多寡
7 王妃
8 宣誓
9 無粋
10 出廷

ク 好機 **8** 来
ケ 厚顔無 **9**
コ 危機一 **10**

ほう
れい
わく

問2 次の**11〜15**の**意味**にあてはまるものを 問1 の**ア〜コ**の**四字熟語**から**一つ**選び、**記号**を記せ。

11 非常に危ないせとぎわのこと。
12 色とりどりの花が咲き乱れているさま。
13 姿や形が整っていて美しいさま。
14 厄介な目にあって、とても困ること。
15 チャンスがやってくること。

5

次の1～5の**対義語**、6～10の**類義語**を後の□の中から選び、**漢字**で記せ。□の中の語は一度だけ使うこと。

各2点 ／20

対義語

1 重厚
2 清浄
3 喪失
4 優良
5 開設

類義語

6 看過
7 伯仲
8 繊細
9 激励
10 道端

おだく・かくとく・けいはく・ごかく・こぶ・びみょう・へいさ・もくにん・れつあく・ろぼう

7

次の各文にまちがって使われている**同じ読みの漢字**が**一字**ある。**上に誤字**を、**下に正しい漢字**を記せ。

各2点 ／10

1 人材の育成に尽力した結果、素晴らしい後契者が生まれ出た。（　）［　］

2 企業の存亡をかけ、彼は最新の技術を苦使した製品の開発に着手した。（　）［　］

3 新しく見つかった遺籍の発掘調査中に事故が起こってしまった。（　）［　］

4 重要なデータを向新している途中に、落雷があり停電になった。（　）［　］

6

次の——線のカタカナを漢字に直せ。

各2点 ／20

1 大きな水ソウで深海魚を飼う。
2 吹ソウ楽部で部長を務める。
3 利益を地域にカン元する。
4 巧みに人をカン言で釣る。
5 兄弟の人生は対ショウ的だった。
6 社会人が対ショウのアンケート。
7 自由ホン放な生き方を望む。
8 この映像はホン邦初公開です。
9 川に橋をカけることが決まった。
10 大草原を馬がカける。

5 計画と現実との矛盾を大胆に指摘したが、上司は無視して遂行した。
（　）〔　〕

8

次の——線のカタカナを漢字一字と送りがな（ひらがな）に直せ。

各2点 ／10

例 問題にコタエル。（答える）

1 失政で国の経済がカタムク。
2 いたずらをするのでイマシメル。
3 冬眠のために食料をタクワエル。
4 前の自動車との間隔をセバメル。
5 友人は秀才のホマレが高い。

9

次の――線のカタカナを漢字に直せ。

各2点 /50

1 組織からキョリを置いている。
2 二人の希望と条件がガッチした。
3 トウトツな移転話だった。
4 コンブは栄養が豊富だ。
5 がんイリョウの進歩は目覚ましい。
6 講和のために大使をハケンした。
7 ニンシンした姉を祝った。

17 父はヨワタリがうまくなかった。
18 もうイクつの山を越えたことか。
19 いつの間にかセタケが伸びた。
20 ヤナギの枝のようなしなやかさ。
21 山のトウゲの茶屋を訪れた。
22 足がナマリのように重い。
23 坂の上で大きく息をハく。
24 父はテニスでカタを痛めた。
25 小川の周りにホタルが集まる。

8 航空機のビヨクに社章が見える。

9 味方のエンゴもなく敗れる。

10 ヘンキャク期限が過ぎた。

11 ボンサイに興味を持つ。

12 キュウカをもらって旅に出る。

13 シハンされた薬を飲む。

14 友人へフウトウを送る。

15 ジョウチョあふれる街並み。

16 朝はコいお茶を飲む。

模擬試験解答

1 読み　各1点

1 ぎんえい
2 せいは
3 きんてい
4 あいとう
5 りょうかん
6 ごうそう
7 ぎしょう
8 るいせき
9 せっかい
10 じゅんぼく
11 ちせつ
12 ゆうきゅう
13 きゃたつ
14 どじょう

2 部首　各1点

1 犬
2 口
3 而
4 欠
5 酉
6 彳
7 人
8 火
9 尸
10 彡

3 熟語の構成　各2点

1 エ
2 ア
3 イ
4 ウ
5 ア
6 イ
7 ウ
8 エ
9 オ
10 エ

5 対義語・類義語　各2点

1 軽薄
2 汚濁
3 獲得
4 劣悪
5 閉鎖
6 黙認
7 互角
8 微妙
9 鼓舞
10 路傍

6 同音・同訓異字　各2点

1 槽
2 奏
3 還
4 甘
5 照
6 象
7 奔
8 本
9 架
10 駆

9 書き取り　各2点

1 距離
2 合致
3 唐突
4 昆布
5 医療
6 派遣
7 妊娠
8 尾翼
9 援護
10 返却
11 盆栽
12 休暇
13 市販
14 封筒

15 へんくつ
16 しゅひん
17 へいがん
18 そえん
19 さいか
20 けんえん
21 もど
22 てぎわ
23 さえぎ
24 わずら
25 こば
26 おちい
27 なが
28 はなは
29 せ
30 すけだち

4 四字熟語 各2点

1 麗
2 惑
3 驚
4 帽
5 襲
6 紫
7 乾
8 到
9 恥
10 髪
11 コ
12 カ
13 ア
14 イ
15 ク

7 誤字訂正 各2点

	誤	正
1	契	継
2	苦	駆
3	籍	跡
4	向	更
5	的	摘

8 漢字と送りがな 各2点

1 傾く
2 戒める
3 蓄える
4 狭める
5 誉れ

15 情緒
16 濃
17 世渡
18 幾
19 背丈
20 柳
21 峠
22 鉛
23 吐
24 肩
25 蛍